SEXUALIDADE
E
PSICOSSOMÁTICA

NOTA CURRICULAR

JAIME MILHEIRO (n. 1935) psiquiatra e psicanalista, fez a sua preparação no Porto, Lisboa e Paris (assistente estrangeiro da Faculdade de Medicina de Paris em 1965 e 1966, como bolseiro).

Na carreira psiquiátrica, aos 32 anos (1967) já era Chefe de Serviço de Psiquiatria (1.º Assistente do Instituto de Assistência Psiquiátrica, na designação da altura). A partir de 1969 fundou, organizou e desenvolveu o Centro de Saúde Mental de V. N. de Gaia (extinto em 1992), numa linha inovadora de Psiquiatria Comunitária. Foi sempre seu director, excepto quando destacado em funções regionais: Delegado da Zona Norte do IAP (1982/86) e Coordenador de Saúde Mental da Região Norte (1988/1992). Hoje dirige o Departamento de Psiquiatria do Centro Hospitalar de Gaia, que se lhe seguiu.

Entretanto foi Presidente do Colégio de Especialidade de Psiquiatria da Ordem dos Médicos (1981/87), devendo-se-lhe a proposta inicial de aceitação e formação de "Psicólogos Clínicos", categoria profissional a que a O. M. então se opunha.

Foi Professor Convidado da Faculdade de Psicologia (U.P.), entre 1977/1982, regente de duas cadeiras: "Temas de Psicanálise" e "Saúde Mental".

Na carreira psicanalítica, foi o primeiro analista didacta português fora de Lisboa (1983), pertencendo desde essa altura à Comissão de Ensino da Psicanálise em Portugal. Organizou entretanto o ensino desta área no Norte do País, promovendo inúmeras actividades científicas e culturais, que culminaram na criação do Instituto de Psicanálise do Porto (1998), de que é o primeiro Director. Foi Presidente da Sociedade Portuguesa de Psicanálise (1990/92). Actualmente é também Director da Revista Portuguesa de Psicanálise, desde 1995.

Sempre activista, muito voltado para as questões psicossociais onde se perturba a Saúde Mental das populações, bateu-se permanentemente pela modernização da clínica assistencial psiquiátrica e pela sua mudança organizativa e legislativa, lutando contra o estigma e contra as velhas concepções manicomiais que faziam lei em Portugal. Foi por isso o primeiro Presidente da Associação Portuguesa de Saúde Mental (1992/95).

Nesse mesmo reconhecimento, foi nomeado Presidente do Conselho Nacional de Saúde Mental, organismo consultivo do Ministério da Saúde, a funcionar há cerca de um ano.

Tem largas dezenas de artigos científicos e de opinião, em múltiplas revistas, livros e jornais.

Publicou os seguintes livros:

- *Doenças de Foro Psiquiátrico em V. N. de Gaia* – 1984 (E. A.)
- *Loucos São os Outros* – 1.ª Edição Bial (Porto) – 1999
  2.ª Edição Fim de Século (Lisboa) – 2000
- *Orofobias... Marias... e Outros Mistérios* – Edição Almedina – (Coimbra) 2001

JAIME MILHEIRO

SEXUALIDADE E PSICOSSOMÁTICA

PREFÁCIO
EURICO FIGUEIREDO

APRESENTAÇÃO DA "SEXUALIDADE"
JÚLIO MACHADO VAZ

APRESENTAÇÃO DA "PSICOSSOMÁTICA"
RUI MOTA CARDOSO

ALMEDINA

SEXUALIDADE E PSICOSSOMÁTICA

AUTOR
JAIME MILHEIRO

EDITOR
LIVRARIA ALMEDINA - COIMBRA
www.almedina.net

LIVRARIAS
LIVRARIA ALMEDINA
Arco de Almedina, 15
3004-509 Coimbra - Portugal
Telef. 239 851 900 | Fax 239 851 901 | arco@almedina.net

LIVRARIA ALMEDINA - PORTO
Rua de Ceuta, 79
4050-191 Porto – Portugal
Telef. 222 059 773 | Fax 222 039 497 | porto@almedina.net

EDIÇÕES GLOBO, LDA.
Rua S. Filipe Nery, 37-A (ao Rato)
1250-225 LISBOA - PORTUGAL
Telef. 213 857 619 | Fax 213 844 661 | globo@almedina.net

LIVRARIA ALMEDINA
Atrium Saldanha - Loja 31
Praça Duque de Saldanha, 1
Telef. 213 712 690 | atrium@almedina.net

LIVRARIA ALMEDINA - BRAGA
Campos de Gualtar
Universidade do Minho
4700-320 Braga
Telef. 253 678 822 | braga@almedina.net

DESENHO GRÁFICO
FBA. FERRAND, BICKER & ASSOCIADOS
info@fba.pt

EXECUÇÃO GRÁFICA
G. C. - GRÁFICA DE COIMBRA, LDA.
producao@graficadecoimbra.pt

DEPÓSITO LEGAL: 172503/01

ISBN 972-40-1597-1

OUTUBRO, 2001

A todos os que me concederam espaço para pensar continuando comigo: família, amigos ... a todos os que comigo tiveram espaço para pensar e discutir: colegas, professores, doentes ... dedico o que penso nestas páginas

Jaime Milheiro

ÍNDICE

PREFÁCIO (Eurico Figueiredo) 11
INTRODUÇÃO 13

SEXUALIDADE

APRESENTAÇÃO DO TEMA (Júlio Machado Vaz) 19

1. QUE É FEITO DA SEXUALIDADE? 31
2. SEXUALIDADE: AFORISMOS 49
3. EDUCAÇÃO: SEXUALIDADE INFANTIL 59
4. IDENTIDADE SEXUAL 85
5. HOMOSSEXUALIDADE 107
6. TRANSEXUALIDADE E MUDANÇA DE SEXO 121

PSICOSSOMÁTICA

APRESENTAÇÃO DO TEMA (Rui Mota Cardoso) 131

7. DOR NO CORPO... DOR MORAL 137

8. "PSICOSSOMÁTICA ESTRUTURAL":
   O "FACTO PSICOSSOMÁTICO" 161

9. LACUNAS SOMÁTICAS V/S LACUNAS
   DE MENTALIZAÇÃO 181

10. O CORPO SABE… 197

11. ESTADO TERMINAL: DIGNIDADE PSICOSSOMÁTICA   241

PREFÁCIO

JAIME MILHEIRO com as suas últimas publicações contradiz a ideia muito generalizada de que haveria pouco a esperar de criativo do Outono da vida. A psicanálise é, todavia, não só longa na aprendizagem mas ainda mais longa para, depois de um trabalho clínico feito com o profissionalismo e a dedicação do autor, permitir uma reflexão teórica como a que agora Jaime Milheiro nos vem oferecendo com os seus livros.

Os estudos sobre a sexualidade ganharam foros científicos na prática clínica, sobretudo através do interesse e da polémica provocada pelos trabalhos de Freud. O século passado, todavia, trouxe-nos nesse domínio, uma abertura sem precedentes, indo da antropologia à história, à sociologia, à etologia e à biologia. As modificações nos costumes e no estatuto da mulher, processado sobretudo na última metade do século XX, conduziram no chamado primeiro mundo, à talvez maior revolução de todos os tempos dando à mulher um estatuto igualitário não só perante a lei mas também no acesso ao ensino, ao trabalho e à assunção da sua própria sexualidade.

Sobre as consequências desta revolução e os seus efeitos perversos, dificuldade da mulher e do casal em assumirem o direito à filiação e quebra brutal da natalidade, ainda não foi feita a reflexão política necessária e ela urge. A realidade não deixará de se impor se desejarmos preservar os valores que contribuíram para essa mesma revolução: democracia e direitos humanos.

A antropologia, a história, a sociologia, a etologia e a biologia, áreas de investigação indispensáveis para o conhecimento da sexualidade humana, não excluem a importância da contribuição da psicanálise. Porque esta área do conhecimento parte de uma realidade que pressupõe o biológico mas que encontra o seu campo de reflexão no momento em que esta se transforma em realidade psicológica. É a realidade psicológica mais primitiva que entra num processo de comunicação precoce com os objectos de investimento que conduz o ser humano a socializar-se ao mesmo tempo que cresce por dentro. Sobretudo através das identificações.

Este é o campo de conhecimento específico da psicanálise que nunca poderá esgotar-se pela acção dos outros campos do conhecimento. Porque nele se encontra o não generalizável, o inefável, o íntimo, o nosso, que é a história de cada um.

Jaime Milheiro sempre assumiu o estatuto de guardião desta verdade que acaba por ser, preservando-a, o valor básico da nossa civilização: o direito a ser pessoa.

O direito a ser pessoa, a ter uma história individual, é também indispensável para termos acesso à actividade clínica, que será sempre o ponto de encontro de um saber e duas pessoas.

Jaime Milheiro afirma bem esta originalidade absolutamente indispensável à actividade clínica, infelizmente em regressão, apesar do discurso oficial, no ensino universitário da Medicina.

É como clínico que reflecte a sua actividade que Jaime Milheiro se assume neste seu novo livro. Resumi-lo seria uma falta de respeito pelo autor e pelo leitor, sobretudo sabendo que o mesmo será discutido por dois ilustres colegas.

Basta, pois, recomendá-lo.

Porto, Setembro de 2001

EURICO FIGUEIREDO

INTRODUÇÃO

NESTE VOLUME reuni escritos sucessivos sobre dois temas acarinhados: a Sexualidade e a Psicossomática ... textos corrigidos, acrescentados, emoldurados para o efeito, na intenção dum conjunto coerente. A maioria foram publicados nos últimos anos, em todos se indicando o local e a data onde isso aconteceu.

*
* *

Juntar temas tão significativos como a sexualidade e a psicossomática, significará para mim, dalguma forma, que no seu patamar mais profundo os considero interligados e provavelmente interdependentes. Ou seja: que ambos se movem, se entrelaçam, se intricam entre si ... e no mais íntimo do ser humano originariamente se confundem ... em meu entender. Significará que toda a sexualidade é psicossomática e que toda a psicossomática, sobretudo a antevista nos conceitos do "Facto Psicossomático" e da "Psicossomática Estrutural" que nos textos procuro desenvolver, só faz sentido se se passar num corpo sexualizado. Embora não saibamos ainda como isso exactamente acontece.

Trata-se de posições habitualmente não teorizadas desta maneira, mas que serão mais atractivas e mais imaginativas, além de mais verdadeiras, se forem investigadas em conjunto. Na aparência todos lucraremos: na Antropologia, na Medicina, na Psicologia, na Arte, na Ciência, na Vida. Multiplicaremos no trajecto o conhecimento do ser humano quanto à sua essência, quanto à sua leitura, quanto à sua clínica.

*
* *

Trata-se de reflexões pessoais, em boa parte. São parcelas de pensamento a partir da prática, amorosamente cuidadas, susceptíveis de crítica. Susceptíveis até de críticas viscerais, eventualmente ferozes. Nem espero que possa ser doutra forma.

Mas são as "minhas" reflexões sobre um "corpo" que, para além da genética e doutras disposições constitucionais e fisiológicas, funciona "sabendo" muito mais acerca de si próprio do que aquilo que sobre ele actualmente sabemos. Corpo que muito terá aprendido, evolutivamente, na relação adaptativa às suas condições do terreno e às suas figuras significativas, em todas as suas fases: nos caminhos do passado e na sua continuidade no presente: no desenrolar da história animal, no desenrolar da história da espécie humana, no desenrolar da história infantil de cada um, no desenrolar da vida de relação em geral. Que disso possuirá sinais, caminhos, energias, desenvolvimentos, ainda mal conhecidos, os quais accionam os motores fundamentais do seu próprio sentimento de identidade. Identidade que terá de ser, por isso, no fundo, sempre uma identidade corporal: sexuada, agressora, reprodutora.

Muitos pedaços são portanto peças do autor, caldeadas no tempo e no campo evolutivo da sua própria experiência, emergentes no seu trajecto pessoal, companhias encontradas na sua vida profissional, progredientes quanto à sua própria forma de ver. São a minha "evolução". Outras serão fantasias, apesar de tudo com justo significado, suponho. São textos sem origem localizada, sem memória estabelecida, sem foco determinado. São o que fica duma longa carreira. São conceitos, são pensamentos, são comentários, são desprendimentos quanto à diferença. São também ensaios, sem preocupações escolares, despidos de chavetas e de academismos que não estão na minha índole como necessidade.

São também produtos que só tarde se poderiam escrever (quase todos), pelo menos no que a mim diz respeito. Só em corridas de fundo, sem receio de opinião, se poderão desembrulhar certos depoimentos. Porque supõem vários ângulos, vários planos, várias ciências, várias misturas ... em leituras pessoais, dispensando fronteiras.

*
* *

Iniciado na Psiquiatria pura e dura dos Hospitais Psiquiátricos portugueses, alimentado depois exemplarmente na Psicofarmacologia do mais ilustre serviço dos anos sessenta nessa matéria ("chez" J. Delay e P. Deniker – serviço de Psiquiatria da Faculdade de Medicina de Paris – 1965/66), encaminhado de seguida para a Psicanálise pelo seu fascínio e pela insatisfação do até então adquirido ... procurei na sequência traçar caminhos e práticas coerentes quanto às novas disciplinas e quanto à Saúde Mental dos indivíduos e das comunidades. As interfaces: Psiquiatria + Psicanálise + Saúde Mental ... sustentaram sempre basicamente os meus alicerces, nas suas somadas tónicas decorrentes. Todas elas contemplam insuficiências, diga-se de passagem, quanto à minha curiosidade interminável sobre o que será o ser humano, como funcionará, como organizará internamente o seu trajecto, qual o sentido da Saúde para ele, qual o sentido daquela Doença para ele, etc.

São temas inesgotáveis, constantemente projectados no desejo, constantemente insolúveis na "realidade", sobre os quais valerá sempre a pena prosseguir. São o desconhecido, o "sentimento de mistério", muito mais importantes para mim, nesta altura, do que repetições de livro estudado.

*
* *

Amigos meus participam:
Eurico Figueiredo escreveu um simpático prefácio.
Júlio Machado Vaz escreveu uma bela apresentação sobre o tema da Sexualidade:
Rui Mota Cardoso escreveu uma lúcida apresentação sobre o tema da Psicossomática.

A presença dos três ilumina. Reconhecidíssimos peritos nestas áreas, muito mais competentes do que eu certamente, acrescentam e sinalizam. Muito teremos de lhe agradecer: a gentileza da escrita, a consideração do facto, a bondade do conteúdo. Constituem renovados alimentos de esperança sobre um desígnio que, muito secretamente, lhes costumo prometer: na próxima encarnação vou ser escritor ou, mais grave ainda, vou ser pensador, começando cedo, numa Universidade inteligente e civilizada [1] ... e que, neste momento, apenas aproveito a oportunidade para fazer tirocínio.

Com este seu alento procurarei, ainda mais responsabilizado, cumprir: sem dúvidas de quanto eles também gostarão.

Muito obrigado a eles e aos leitores.

JAIME MILHEIRO

---

[1] A Universidade preconizada por Walter Osswald em *Um Fio de Ética* (2001).

SEXUALIDADE

Apresentação do tema
por
JÚLIO MACHADO VAZ

APRESENTAÇÃO: "...UMA CONVERSA DE AMIGOS..."

QUE É FEITO DA SEXUALIDADE?

SEXUALIDADE: AFORISMOS

EDUCAÇÃO: SEXUALIDADE INFANTIL

IDENTIDADE SEXUAL

HOMOSSEXUALIDADE

TRANSEXUALIDADE

"...UMA CONVERSA DE AMIGOS..."

HÁ MUITO QUE NÃO LIA PSICANÁLISE. E ler é o verbo correcto!, nestes reinos de eficácias breves damos connosco eternamente atrasados, apenas com tempo para a vista de olhos que não substitui leitura reflectida à sombra do nosso candeeiro favorito. Acontece-me petiscar Freud em busca de uma frase, um indício, uma das suas afirmações peremptórias, não raro acompanhadas por uma sugestão de precariedade que abre caminho ao debate de ideias. Ele constitui, talvez, a mais rico herança do velho senhor de Viena aos seus discípulos. Já os meros adeptos, para utilizar uma distinção cara a Lorenz, preferem recitar-lhe bovinamente as passagens que mais convêm a uma rigidez teórica, na melhor das hipóteses, defensiva.

Sem me arrepender das visitas rápidas e interesseiras, devo confessar que elas não chegam para atingir o prazer ou a meditação fecunda, e daí o regozijo por os textos do Jaime propiciarem a hipótese de um regresso em trinta e três rotações. Preferiria quedar-me pelo gozo clandestino da leitura, não creio preencher os requisitos de conhecimentos e isenção para escrever páginas que simulem prefácio. De resto, perfeitamente dispensável pela prosa elegante e rigorosa do autor! Mas se a ignorância na matéria me empurra para o silêncio, a gratidão e a amizade que, ternas, vedam a justiça, tornam impossível a dúvida na resposta ao convite.

Desde logo..., curioso o título do primeiro ensaio, "Que é feito da sexualidade?". Ainda por cima de 1990, permitindo acrescentar à pergunta onze anos de observação do mundo que nos rodeia. Eu diria que, melancolicamente, ela se esvaiu numa sociedade consumista que lhe utiliza *ad nauseam* os aspectos comportamentais, de fácil comercialização e apoiados num corpo acéfalo. Cuja boa forma assegura (?) uma felicidade sem dúvidas ou conflitos por epidérmica, literalmente à flor da pele e a anos luz do imaginário. Eis a sexualidade reduzida a um sexo ignorante das suas raízes, potencialidades e limitações. Serei culpado de julgamento de valor ao dizê-lo? Seguramente, o acima exposto implica a defesa de um bem-estar organizado sob moldes hierárquicos, em que a paz resultante do acorde harmónico entre o agir prazenteiro e a resolução sempre incompleta do conflito psíquico se sobrepõe a simples euforias momentâneas dos sentidos. Mas também reivindico vinte anos de clínica para afirmar que o triunfo da "visão epidérmica" da sexualidade é pírrico, mais tarde ou mais cedo as pessoas apercebem-se de que tentam desesperadamente atingir a qualidade através da quantidade, o interior de si próprias à custa de ligeiros toques nas janelas. Como se demandassem o casco majestoso do Titanic utilizando equipamentos de mergulho roubados a crianças que chapinham na piscina infantil.

Mas eis que uma observação me pesa – "O facto é que essa cultura comum vive hoje muito mais voltada para a sexologia do que para a sexualidade que a psicanálise analisa". Não seria mais fácil resolver a angústia adivinhada decretando-lhe arrogante o discurso? Talvez, mas acontece que a confusão entre a sexologia "de cordel" e a outra se tornou fácil e sistemática, admito a hipótese de a primeira esconder por completo a segunda aos olhos de quem não luta pela sua sobrevivência. Mau sinal!, embora a sexologia como a defendo, na linha de quem a fundou, tenha um alibi razoável – trata-se de um ponto de encontro de disciplinas e não de uma disciplina isolada. Essa concepção, que faz da sexualidade o seu objecto de estudo e dos diferentes métodos de a aflorar companheiros obrigatórios de viagem, ainda não perdeu a guerra; mas seguramente se vem inclinando, batalha após batalha, face à respeitável e útil sexologia clínica, infinitamente mais atreita aos exageros e sonhos de uma sociedade que reifica o desempenho a todos os níveis, incluindo o sexual. É preciso regressar às origens, levando no bornal tudo o que entretanto se foi acrescentando aos diversos saberes debruçados sobre filigrana tão complexa.

Para que o Jaime não tenha razão ao dizer que "toda a gente conhece a extrema delicadeza da sexualidade, excepto os selvagens e os sexólogos". E se já esclareci os cuidados a ter pelos segundos, os "selvagens" alertam-me para o etnocentrismo ocidental, que não desaparece por os apelidarmos de "primitivos" ou "povos em via de desenvolvimento" (o nosso, claro!, único considerado ideal). A Antropologia Médica trouxe-me novas interrogações, serão alguns povos incapazes de se aperceber do labirinto psicossexual ou vivem apoiados em realidades internas diversas? Talvez mais apaziguadas por organizações familiares alargadas e rituais de transição bem definidos, que tantos especialistas lamentam ver ausentes da nossa civilização. E isto porque não defendo um desenvolvimento psicossexual quase olimpicamente vacinado contra o banho cultural que o rodeia, esse "isolacionismo psicológico" parece-me irrealista.

Bref, sou um adepto sem cura do diálogo entre as várias abordagens da sexualidade e a palavra psicanalítica é indispensável a tal conversa. Aliás, de forma ingénua e canhestra, chamei a atenção na minha tese de doutoramento para as relações de fraternal colaboração entre o nascente movimento sexológico e Freud, que os conflitos surgidos com Fliess não devem obscurecer. Mais tarde, seria injusto negar o extraordinário papel desempenhado por uma psicanalista-sexóloga, Helen Kaplan, no desfazer de certos mitos "made in Masters e Johnson". Porque realmente a psicanálise se debruça sobre a sexualidade entendida como relacional, fantasmática e resultante de um trajecto interior, não apenas sobre um sexo adulto por genital, que não passa da estação de chegada desse trajecto. O Jaime tem razão, somos sexuais "a partir de dentro", atravessando obrigatoriamente apeadeiros de nomes desagradáveis como ansiedade e culpa. Mas, felizmente!, distingue esta última da brandida pela tradição judaico-cristã, negra e burocrática, refere-se aos inevitáveis lutos e "traições" de qualquer processo de autonomização psicológica.

E de novo a hipótese de saborosa discussão ao jantar me sorri, o "bom crescer" ocidental pressupõe uma autonomia relacionada com uma visão individualista do ego, a própria situação da cura-tipo o confirma, jamais o analista conhece os outros, apenas os seus fantasmas. Seria curioso imaginar Freud tricotando a psicanálise em cultura oriental, tão ciosa dos egos familiares que só admite como saudável o crescimento que permaneça, física e psicologicamente, dentro dos seus limites. Ou nos tempos em que predominava na Europa a família alargada, com as suas bem maiores possibilidades de transferências laterais e a eventual diluição dos afectos edipianos violentos característicos da família nuclear burguesa. Já para não falar das possíveis influências sobre a relação mãe-filho de um conceito diverso de maternage, tanto a nível quantitativo como qualitativo. Podem aspectos da teoria psicanalítica ser considerados produto culturais de uma determinada época e classe social? Tornando-a descritiva mais do que prescritiva, como reclamam os feminismos que não optaram por a deitar ao lixo sem a ler?

E não é que passei de culpa e traição à heresia? O Jaime perdoará, magnânimo! De regresso ao texto, agrada-me a sua tónica na ambivalência, considero-a tão fundamentalmente humana como a capacidade de prever o futuro ou o conhecimento da inevitável morte. E partilho o seu respeito pela liberdade, respeito que nos leva a defender que jamais será completa, considero ingénuo ou perverso preconizá-lo. A gama das nossas escolhas joga-se a partir de dados já lançados, a perversão é realmente um bom exemplo de pseudo-libertação, pela rigidez comportamental e pobreza fantasmática que abriga. Tais limitações empurram para a boca de cena o papel dos educadores, também eu penso que a formação não pode ser transmitida, apenas facilitada – sem prejuízo da indispensável e ainda tristemente parca informação! – e por isso me arrepio com frases como "educação para os afectos". Conheço os objectivos de quem as defende, preconizam requebros tácticos para aplacar as objecções dos grupos mais conservadores. Mas a imagem passada é atroz, imagino crianças repetindo "a ternura é um sentimento que..., para a conseguirmos devemos fazer o seguinte:..." e apetece-me praguejar à boa moda tripeira. De qualquer forma, quem se opõe até à informação não engole artimanhas tão ingénuas. Bem pelo contrário!, usa as mesmas armas. A inércia que sucedeu ao alarido feito durante a campanha para a despenalização do aborto é elucidativa: votação ganha, nunca mais se lembraram da educação sexual.

Toda a educação é repressiva, diz o Jaime. Seguramente, trata-se de preparar o exercício de uma liberdade, o que pressupõe regras. Sob pena de se instalar um vazio de referências psicológicas e o gesto livre se confundir com o inútil movimento browniano que nos ensinavam no liceu. E claro que a firme compreensão por parte dos pais reduzirá culpas futuras, sobretudo se também evitarem as projecções tirânicas de quem procura (re)viver através dos filhos, transformando-os numa espécie de carrinhos da Feira Popular, "entre freguês, mais uma corrida...". Quanto aos especialistas – incluindo os oriundos da psicanálise... – também lhes receio o imperialismo, em século prostrado a seus pés. Parece que o bom senso deixou de ter lugar na educação em geral, o que não se encontra nos livros dos educadores da moda não existe e pode lesar gravemente os pimpolhos. E bom senso não faltava a Freud quando abordava o tema: "Explicar, assim, à criança a vida sexual, procedendo por etapas, progressivamente e sem interrupções, com a iniciativa desta instrução a ser tomada pela escola, parece-me a única forma que leva em conta o desenvolvimento da criança e evita os perigos implícitos". A iniciativa da instrução na escola, a formação a cargo da vida. Que tudo inclui, dos almoços familiares de Domingo às aulas de Filosofia, passando pelo grupo, que partilha risos nervosos e graçolas inseguras.

O processo educativo que, da retaguarda, gentilmente lhes vigia a aprendizagem do voo a solo, contribui para evitar verdadeiras pseudo-adultícias. Sou particularmente sensível à analogia estabelecida no texto com as toxicodependências (em país teimosamente ignorando a principal, os nossos jovens bebem como odres!). Porque a tudo se pode lançar mão para preencher as falhas. O sexo, por exemplo, é uma dependência "perfeita", permite a ilusão de que se está com alguém e não com um produto de consumo. Nada mais falso. A descrição do processo que leva à busca de um parceiro por certos indivíduos lembra irresistivelmente a compulsão de repetição do heroinómano das nossas consultas – o sexo funciona como ansiolítico em S.O.S., o objecto sexual não existe como sujeito.

E não é que se mete comigo, a menos que eu sofra de megalomania paranóide? – "da sexualidade o próprio sabe muito mais do que o sexólogo". Logo agora, que vogávamos em confortável beatitude, ambos de acordo! Mas considera o Jaime o psicanalista ao abrigo da mesma abençoada dificuldade? As respostas moram em nós, também a psicanálise tacteia. Acontece que considera possuir o código para decifrar o que lhe depositamos no colo. Porque de um código se trata!, não da verdade revelada, como alguns dos seus colegas adoram pensar. Mais do que reconstruir um passado ou analisar as defesas caracteriais a psicanálise escreve uma história "pertinente" para analisando e analista. Os sintomas fazem sentido nessa narrativa de vida e desaparecem ou deixam de incomodar do mesmo modo, por isso os critérios para considerar uma análise bem sucedida são tão subjectivos. Pronto!, devolvi-lhe a provocação.

A sexualidade infantil. Que Freud "descobriu" como trajecto relacional, não em termos comportamentais. Ninguém considerava as crianças "anjos inocentes" antes do triunfo da moral burguesa, do seu sexo falava-se com naturalidade, basta recordar as citações que Ariès faz do "Journal sur l'enfance et la jeunesse de Louis XIII", do nosso colega Heroard (1868). Ao que parece, pouco depois de completar um ano de idade, o delfim ficou noivo da infanta de Espanha e foi instruído acerca de alguns factos da vida (futura). De tal forma que o seu pénis passou a ser conhecido pelo "brinquedo da infanta"! Eis um diálogo entre Sua Majestade e o filho: "Meu filho, onde está a prenda da infanta?". Ele mostra-a, dizendo: "Não tem osso, papá". Perante uma erecção, corrige: "Agora já tem, às vezes tem". Quanto à terminologia anatómica, ela faria corar um carroceiro do século XX, só aos sete anos "tem de aprender a decência de maneiras e da linguagem" (Ariès). Não eram ainda os tempos da criança vista como pai e mãe de adultos futuros, logo educada como débil flor e raiz determinante. A miudagem tinha de se contentar com o estatuto de "grandes em miniatura", à espera de um destino que não guardavam nas mãozitas fechadas.

Li com agrado que a libido "masculina" de Freud não passa de uma metáfora. Registo a evolução, mas a metáfora é suspeita em psicanálise. Freud torturou o corpo, saturando-o de significados, num processo que Laqueur considera histérico por investir a anatomia ao arrepio da inervação, veja-se a manipulação "ideológica" do clítoris nos Três Ensaios: "Se quisermos compreender como a rapariguinha se torna mulher, convém seguir os destinos ulteriores desta excitabilidade clitoridiana..., na puberdade intervém uma nova vaga de recalcamento que afecta precisamente a sexualidade clitoridiana..., é uma parte da vida sexual masculina que nesta ocasião sucumbe ao recalcamento". Mas, afinal, seria a anatomia o destino ou o pretexto para ele? Quando nos revoltamos contra a excisão do clítoris em certas sociedades não deveremos ter a obrigação de nos perguntarmos por que a mesma castração aconteceu na nossa sociedade a nível simbólico, como Freud bem notou? Ou por que violentou ele a anatomo-fisiologia para entronizar um soi-disant orgasmo vaginal "maduro"? Teria poupado a muita gente lágrimas amargas se fosse menos lesto a inventar um trajecto sexual feminino que passava por dois orgasmos hierarquicamente desiguais, com o clitoridiano a fazer figura de parente pobre, imaturo e masculino. Nada na anatomo--fisiologia (tão cara a Freud, desde os tempos do laboratório de

Meynert)implicava tais malabarismos, eles decorreram da "adaptação" da anatomia feminina às suas teorias, num verdadeiro processo de colonização da anatomia pela cultura.

Mas por onde me passeio, que lhe perdi o fio à meada? A homossexualidade como fixação num "patamar transitório"... Abençoado regresso às origens, alguns "discípulos" de Freud mandaram às malvas esta formulação do Mestre, bem expressa na famosa carta a mãe que lhe pedia ajuda para filho homossexual. Veja-se o exemplo de Owensby (1940), tentando justificar o uso terapêutico das convulsões provocadas pelo metrazol: "A homossexualidade e o lesbianismo são sintomas de uma esquizofrenia larvar que se deteve numa fase do desenvolvimento a que a libido se fixou... O metrazol resolve esta fixação precoce da libido e a energia psicossexual fica de novo livre para fluir através dos canais fisiológicos normais". Freud morrera no ano anterior, dir-se-ia que a ausência da figura paternal tutelar permitia os maiores excessos!

Seguramente risíveis, bem mais interessante é a questão da ignorância sobre as atitudes de outras sociedades. A Grécia Antiga, por exemplo, não era nenhum paraíso gay. Não creio, aliás, que se possa falar de homossexualidade, como a entendemos, na época clássica. Todo o seu magnífico espólio indica que o tipo de atracção erótica não definia uma classe de pessoas, os comportamentos sexuais reflectiam, isso sim, a hierarquia dos estatutos sociais. Mais do que desejar mulheres, o que definia a masculinidade era um papel activo na relação sexual, independentemente do sexo do parceiro. Pelo que a avaliação moral – e daí falar-se de uma moral política e não universal como a judaico-cristã – era diversa consoante o contexto do acto. Lembre-se a célebre formulação de Séneca, para quem ser penetrado analmente era uma abominação num homem livre, uma obrigação para o escravo e uma prova de gratidão para o liberto (se o penetrador fosse o antigo amo). E depois, não seria inevitável o amor pelos rapazes numa sociedade que desprezava as mulheres em termos afectivos e intelectuais, ao ponto de duvidar que fossem capazes da amizade? A menos que estivéssemos em presença de uma súbita mutação genética, tudo indica que diferentes culturas podem influenciar o que hoje apelidaríamos de "orientação sexual normal", sobretudo no que concerne à sua fixidez.

E neste ponto, de novo a prosa do Jaime aquece o coração. Depois de apresentar a teoria clássica sobre a homossexualidade e referir que os militantes homossexuais a rejeitam, acrescenta: "Digamos desde já também: nenhum militante da heterossexualidade (há muitos, só eles saberão porquê) aceita semelhante teorização, segundo consta, o que igualmente levanta muito curiosas interrogações". É verdade. Sugerir que os trajectos rumo à "normalidade" e ao "vício" ou à "doença" são próximos, admitir que se investigarmos determinantes biológicas das homossexualidades aprenderemos mais sobre as heterossexualidades aparece como obsceno aos que se refugiam em diferenças que relevam da alteridade e não da alteração. Mas não a Freud!, escutemo-lo ainda uma vez: "O interesse exclusivo que os homens sentem pelas mulheres é também um problema que necessita de ser elucidado por não se tratar de um facto evidente em última instância baseado numa atracção de natureza química". Para o Mestre, os heterossexuais eram o resultado de uma construção longa e periclitante, não filhos dilectos e evidentes da Natureza ou do Senhor.

A propósito de filhos, não creio que os homossexuais, a existir a hipótese de adopção, visassem "fazer filhos idênticos a eles como género", nunca o verifiquei na clínica de casal. E se o tentassem, consciente ou inconscientemente, estou convencido de que falhariam. Tão completamente como "falha" toda uma estrutura familiar que, apesar da enorme pressão feita no sentido da heterossexualidade, vê alguns dos seus filhos crescer homossexuais. Não considero, portanto, que esse desejo por parte dos homossexuais seja "inconscientemente alimentado por instintos de morte" ou que a eventual legalização traduza "uma falta de consideração pela criança". O desejo de ver cirandar ganapos pela casa não deveria, na minha opinião, ser apenas aceite no âmbito de uma relação heterossexual arvorada em única via "natural". Esse invocar constante da "Natureza" olvida que os seres humanos se desenvolveram em permanente tensão com ela e ambicionando transcendê-la, a própria psicanálise o sublinha ao distinguir entre pulsão e instinto.

Uf!, eis-nos de regresso ao mesmo barco, anda por aí muito exagero terapêutico e noticioso relativo à transexualidade. Como membro da Comissão da Ordem dos Médicos citada no texto, só posso fazer eco dos avisos do Jaime, não se alteram estruturas anatómicas por dá cá aquela palha, uma triagem "feroz" dos casos é necessária, bem como um acompanhamento psicológico sistemático, antes e depois de eventuais intervenções cirúrgicas. Quanto ao facto de a psicanálise acreditar serem os transexuais homossexuais que se não aceitam, é curioso verificar que entre os transexuais também existem movimentos que reivindicam a definição do "verdadeiro transexual". Os estudos de Anne Bolin sobre a Sociedade Berdache nos Estados Unidos revelam uma evolução de posições, desde a ortodoxia inicial (em que só poderia ser aceite como membro e transexual o homem que desejasse a cirurgia "reparadora") até posições mais tolerantes para o que se convencionou apelidar o transgender, incluindo os que desejam viver como mulheres sem cirurgia. Ouçamos um dos discursos: " Por vezes prefiro gestos e expressões femininas, mas mais frequentemente respostas masculinas. Quando a atitude binária da sociedade insiste para que escolha um pólo ou outro, escolho o masculino. Fui criado como homem, a minha anatomia sexual é masculina, etc… Contudo, insisto que sou "ambigenderal". Reivindico todo o espaço de género e existir em diversos pontos desse espectro em diferentes alturas". Tal discurso levanta uma questão intrigante, pois dir-se-ia que o transexual "clássico" procura ainda a inserção num esquema dicotómico "normal", no caso homem-mulher procurando assumir um clássico papel feminino, até aí proibido pela anatomia. No transgender encontramos o discurso assumido da continuidade entre os dois géneros, logo da tentativa de fazer explodir a chaveta masculino-feminino, mantendo a macho-fêmea a coberto da roupa interior. O que esperará os psicanalistas e os sexólogos do futuro?

Mas..., e quando escrevo o prefácio?, isto não passa de preguiçosa conversa escrita entre amigos separados por férias de Agosto de um deles. Que repousa ao sol algarvio enquanto o outro atura, ao computador, a morrinha portuense... Como ele faz às minhas heresias, também eu perdoo. Porque foi bom!, o gozo da leitura que faz pensar já ninguém mo tira. Para além da qualidade dos textos, derrama-se destas páginas a certeza consoladora de que se pode permanecer um freudiano sem ficar surdo à opinião de outros e ao sofrimento de muitos, o respeito pela diferença sobrevive às teorias que sobre ela se defende. Impossível pedir mais a um autor sem o obrigar à incoerência. E depois, agrada-me sobremaneira um certo aroma a paz interior que me torna rubro de inveja, só ela permite escrever que "na sexualidade, os seres humanos crescem como as árvores, desde que os deixem crescer. Não é preciso puxar. Primordial será proporcionar terreno produtivo, retirando as ervas daninhas que em seu derredor se movimentam". Com a autoridade moral de quem não abençoa tudo o que lerão, asseguro-lhes que se trata de terreno muito produtivo.

E se este prefácio (?) merecer o diagnóstico de erva daninha, arranquem-no sem problemas, é inútil. Pois se nada acrescenta ao valor intrínseco dos textos, a amizade e gratidão que o justificam vêm há muitos anos a ser depositadas, clandestinas, no bolso do Jaime. E eu sei que ele nota. Só não me denuncia a mão de carteirista às avessas por gentileza.

Porto, Setembro de 2001.

JÚLIO MACHADO VAZ

QUE É FEITO DA SEXUALIDADE?[1]

ESTRANHA SITUAÇÃO

NO QUE DIZ RESPEITO aos problemas sexuais, a Psicanálise encontra-se numa situação paradoxal. Depois de ter trazido a sexualidade à superfície das ciências humanas e psicológicas, depois de a ter aberto e sobremaneira valorizado nos contextos individuais, sociais e culturais, depois de lhe verificar áreas e conceitos muitíssimos diversos dos anteriormente conhecidos, parece hoje algo desajeitada nesta corrente. Pelo menos aos olhos da cultura comum, que quase não a ouve falar disso.

É verdade! Depois de interrogar, investigar e divulgar a sexualidade primordial, depois de a propósito da sua descoberta ter aguentado as maiores acusações, provindas dos mais variados horizontes, alicerçadas por norma nas mais fanáticas e obscurantistas malquerenças e irresponsabilidades, apenas reveladoras de ignorâncias, pobrezas ou primarismos ... hoje de facto a Psicanálise pouco a menciona. Depois de ter conseguido afirmar o

---

[1] Comunicação apresentada na sessão inaugural do VI Symposium da Sociedade Portuguesa de Psicanálise, dedicado ao tema "Sexualidade", em 9 e 10 de Novembro de 1990, no Porto, na qualidade de Presidente dessa Sociedade.

seu valor extraordinário na relação global entre as pessoas e a sua importância nas questões da saúde e doença; depois do escândalo científico, da incompreensão cultural e social, da longa história de lutas, controvérsias, exageros e projecções, tudo feito e acontecido em nome dessa sexualidade ... da sua descoberta, do seu uso, da visão ampliada do seu campo ... essa mesma Psicanálise, que aos olhos de muita gente foi e continua a ser uma teoria pansexualista, cuja prática estaria próxima dum aconselhamento perverso disfarçado ... depois de tudo isso, para o público pelo menos, parece de certo modo distanciar-se.

A situação é digna de reflexão. O facto será ainda mais estranho se recordarmos que, simultaneamente com essa implosão em contradição negativa, existe um evidente desenvolvimento da Psicanálise: há uma enorme divulgação em todas as latitudes e civilizações dos seus conceitos, um aumento acentuado do seu número de praticantes, um aprofundamento científico indesmentível. Estranheza acrescida se nos recordarmos ainda que, de forma segura, através de modificações técnicas no seu exercício, se tem comprovado a sua aplicabilidade num leque de patologias cada vez mais amplo e em idades cada vez mais diversificadas. E que o fluxo imenso do seu caudal informativo não foi diminuído, antes pelo contrário.

Por outro lado, acentuando doutro modo a estranheza, sabemos também que em nenhuma época da História se falou e se escreveu tanto sobre sexo como hoje. Na clínica falam os médicos, os sexólogos, os psicólogos, os educadores, os pedagogos, os conselheiros, os directores espirituais; fora da clínica fala toda a gente, em todas as revistas, em todos os locais, recrutados ou não para se exporem na televisão. Escreve toda a gente ... Espalharam-se de tal forma as competências nesta área que nem é preciso lembrar.

O quotidiano impregnou-se mesmo de sexo, em todos os ângulos. Impregnou-se de tal forma e em tal quantidade que, na visão sobretudo, se tornou extremamente difícil não o encontrar tropeçando, seja no que for: na realidade externa, na fantasia, na problematização. Há uma verdadeira inundação sexual, de tendência totalitária. Com alguma ironia poderíamos até considerar que a sociedade, à semelhança do que se passa dentro da cabeça de muito boa gente, está muitíssimo interessada em desabafar-se sexualmente e que para isso se mobiliza, com grande pressa e desembaraço. Mas que esse facto irresistivelmente faz supor íntimas controvérsias: com grande probabilidade indiciará tentativas de lavagem dum passado culposo, negativo e hipócrita. E que nesse movimento tudo se teatraliza constantemente, armadilhando-se forças e maneiras, de molde a tornar pouco prováveis fugas ou disfarces. São necessidades, são longas histórias, nem sempre bem cumpridas, como todos por certo notamos.

Muitas penas terá hoje de facto quem for de escandalizar ou quem tiver obrigações de fingir, perante este sexo obrigatório logo no diário do pequeno almoço.

QUE É FEITO?

Neste paradoxo e nesta situação, que numa leitura simplista pareceriam traduzir clivagens ou desenquadramentos psicossociais relativamente à Psicanálise que na realidade não supomos, chegou o momento de, apesar de tudo, fazer algum balanço. De colocar algumas interrogações.

O grande facto, no fundo, é que a cultura actual vive muito mais voltada para a sexologia, mais preocupada com o desempenho agilizado do sexo, com a desenvoltura dos órgãos sexuais, do que com o seu estudo profundo. Do que com a sexualidade intrínseca que a Psicanálise descobriu e analisa.

Mas ... o que será feito da sexualidade? O que fizemos nós, os psicanalistas, da sexualidade e o que fizeram os outros terapeutas dessa mesma sexualidade? Qual a relação entre as tão divulgadas terapias sexuais da actualidade e a Psicanálise? Falaremos todos do mesmo quando falamos de sexo, de sexologia, de sexualidade?

Ou ... interroguemos em tom já mais inquieto: será que a descompressão brutal dos últimos 25 anos colocou a Psicanálise e os psicanalistas numa penumbra sem interesse? Pior ainda, que os calou na teoria e na prática, como alguns pretendem? Será que os ultrapassou, os reduziu, os obrigou a pensar intimidades apenas em circuito fechado e celular? Estarão eles deslocados e despropositados num mundo que pede acção e tecnologia em tudo, portanto também na vida sexual? Qual será o espaço que lhes cabe no estudo do sexo e da sexualidade, e, caso haja ainda alguma relação entre um e outro destes conceitos, qual será a relação ou a interrelação do espaço dos psicanalistas com o espaço dos outros?

Tranquilizemo-nos desde já afirmando que, verificadamente, existem ângulos de observação diferentes nesta matéria e que esses ângulos, quando olhados com razoabilidade não se contradizem, ou melhor, podem não se contradizer. E afirmemos também desde já que nós temos a nossa sensibilidade específica: focamos aspectos profundos, muito diferentes mas não opostos aos de superfície, médicos ou não. E que todos esses aspectos se podem até complementar, uma vez ajustados, em nossa opinião.

Reafirmemos também desde já que, com absoluta certeza, não vivemos em catacumbas do passado. Os aspectos por nós focados são absolutamente fundamentais nos indivíduos de hoje, como foram nos de sempre. São tão característicos no passado e no presente de todos os seres humanos que, em caso nenhum, podem ser omitidos, mesmo quando apenas se toca a superfície da vida sexual. Embora seja necessário de vez em quando rever, discutir, reanalisar o trajecto, retomar questões, dialogar com os outros, falar do que sabemos.

Esta é a razão primeira deste Simpósio, para o qual, além de psicanalistas, convidámos sexólogos, endocrinologistas, escritores, artistas, individualidades, todos brilhantes na ciência e na cultura, interessados no assunto. De molde a que interdisciplinarmente se possa alongar a reflexão. Iremos certamente encontrar algumas respostas pertinentes para as questões que acabamos de levantar.

*
* *

Do nosso lado, há de facto razões advindas da própria evolução da Psicanálise que nos têm empurrado para uma menor incidência sobre o tema, quer nos escritos, quer nas públicas apresentações. Falamos menos da sexualidade porque as preocupações teóricas e práticas que nesta altura se nos deparam, face ao aprofundamento progressivo do conhecimento, se situam num nível cada vez mais precoce da vida de relação. Situam-se num nível onde a sexualidade ainda não aparece expressamente como tal.

Mas há também as outras razões, razões conjunturais, as mais aparentes para o grande público, que resultam da efectiva mudança quanto à avaliação do comportamento sexual, da mudança da sua necessidade, da alteração da sua clínica. Têm-se culturalmente acentuado focagens privilegiadas sobre o corpo, sobre o desempenho do aparelho, sendo-lhe concedidas praticamente a exclusividade nesta área. Hoje acentuam-se sobretudo as performances e as tecnologias sexuais, conferindo a projectos idênticos significados diferentes, o que necessariamente acarreta dificuldades de entendimento e proporciona desencontros.

A Psicanálise realmente tem pouco a ver com a tecnologia sexual. Estamos perante observações mal casadas ou mesmo divorciadas. Fala-se agora muito mais de sexo no sentido sexológico do que no sentido da sexualidade, ponto de partida libidinal que a Psicanálise descobriu. Dir-se-á que o sexo passou da cabeça para o corpo e daí para o computador, deixando de ser nesse trajecto algo de estruturalmente psicossomático, como toda a gente olhando para dentro de si mesmo sente. Mas isso acontece com grande sucesso mediático, o que seria interessante analisar. Fala-se de sexo nos sentidos biológico, funcional, sociocultural, de forma descritiva, standardizada, valorizando-se pouco ou nada os aspectos psicológico e fantasmáticos presentes em cada um. Aspectos diferentes de pessoa para pessoa, que não se podem mecanizar. As "falas" da Psicanálise permanecem no estudo do interior dessa sexualidade, como fenómeno humano essencial, num conceito traçado a partir da dinâmica íntima da espécie. Conceito anterior e independente de qualquer consideração mecânica, social, técnica ou pragmática.

De facto, os grandes movimentos teóricos da Psicanálise nos últimos decénios têm-se fixado em aspectos precoces, sobretudo na valorização da relação mãe-bébé. Estudamos sobretudo a relação pré-genital e pré-edipiana, aparentemente afastada da sexualidade sexológica de sentido funcionante e genital, de uso comum. As correntes de M. Klein e continuadores, de Winnicott, de Bion, da Egopsicologia, da Selpsicologia, descrevem e desenvolvem concepções onde a sexualidade está presente mas assume aspectos demasiado longínquos para ser mencionada com esse nome, embora lhes constitua o alicerce.

No entanto, continua óbvio para nós, que os chamados sintomas sexuais ou os comportamentos sexuais, os mesmos que os autores antes de Freud isolavam na "virtude" ou no "vício", estão sempre inseridos na estrutura psicológica donde emergem. Será impensável separá-los desse seu texto de raiz. Embora, como dizíamos, esse tipo de isolamento volte a ter cultivadores e esteja em grandioso aparato na comunicação social de hoje.

A medicina de órgão que, depois de grande sucesso há decénios atrás, parecia irremediavelmente condenada, regressou de modo curioso nestas questões sexuais. Nesta área onde, mais do que noutra qualquer, existem penumbras que desse modo se pretendem mascarar, isolar o órgão é defender-se. A excitação e a execução pertencem aos órgãos executores, mas o sentido íntimo e os conflitos, activos ou potenciais, conscientes ou inconscientes, estão sempre indisfarçavelmente presentes. A tentativa de anulação desse eco interno, manipulando apenas a superfície ou a função, resulta em frio, mesmo se o comportamento for acompanhada de primores de realização. Sabemos todos que esta matéria, em princípio, deve servir-se quente. Há conflitos e consequências, enlaçados por esta ordem no interior de cada um, não pela inversa. Em terapêutica, começar pelo fim, começar pelo comportamento, será apenas uma prótese efémera se não for instituída uma dinâmica interna de sentido reparador, quanto à sexualidade estrutural nele inscrita.

A Psicanálise considerou sempre que o comportamento sexual é o resultado e testemunho duma irrequieta história, íntima e pessoal: a história do sujeito, desde o princípio, desde o nascimento, sem a qual ninguém funciona. História que nunca ninguém exclui de si nem do seu comportamento, cujo percurso aparece inscrito como palimpsesto na relação que actualmente se vivencia. O contacto sexual de duas epidermes de que tanto se fala, será sempre algo mais do que esse contacto, porque acarreta troca de múltiplos fantasmas com enormes cargas afectivas. Actos ou gestos aparentemente iguais, feitos por pessoas diferentes, têm fantasmas, emoções e repercussões completamente diferentes. Será intracutâneo valorativo escutar-lhes a consideração.

Podemos então afirmar tranquilamente que os chamados impulsos sexuais, os sintomas e angústias da horizontalidade, as questões sexuais em geral, as perversões, as disfunções, o agir sexual, continuam como dantes objectos implícitos na teoria e na prática clínica da Psicanálise; mas foram retiradas da primeira página nos seus escritos e discussões. Nos últimos decénios, a Psicanálise tem-se interessado sobretudo pela relação precoce e pela sua génese, pela sua interface mais primordial. Nesse sentido da valorização relativa, Freud está menos entre nós do que já esteve e Reich não está de todo.

SEXO V/S SEXUALIDADE

Mas para responder melhor à pergunta inicial, antes das respostas que o Simpósio vai proporcionar, alonguemo-nos ainda um pouco mais sobre a sexualidade e sobre o comportamento sexual. Sobre a diferença e a complementariedade entre um e outro destes conceitos. Tecendo algumas considerações, tentando discernir.

*
* *

Na teoria e na prática da Psicanálise, o conceito de sexualidade representa a sua maior originalidade. É bastante diferente do sentido tradicional, muito mais lato em extensão. Designa um conjunto estrutural de capacidades e movimentos dinâmicos, intrapsíquicos e interpsíquicos. Corresponde à gestão organizada duma vida pulsional inata, existente desde o início, possuidora duma carga determinada, da procura de satisfação das suas necessidades formatadas desde a infância. Essas necessidades apoiam-se no começo em actividades fisiológicas cuja satisfação promove o desejo de repetição, as quais tomam pouco a pouco formas cada vez mais complexas na relação com o outro. Modelam-se, personalizam-se, nesse caminho e nessa relação.

A sexualidade não se reduz portanto à prática e ao prazer orgástico centrado no aparelho genital do adulto, o qual será apenas o seu confluente terminal e último. Existe muito antes, muito antes dessa possibilidade. Existe sustentada na relação em geral. Trata-se duma energia evolutiva, em constante processo de construção que, através das vicissitudes que introduz no crescimento, desempenha um elemento decisivo na estruturação da vida psicológica. Constitui uma inerência da condição humana, possuindo contornos, formas, expressões e escolhas que se vão definindo ao longo do trajecto de cada um, qualquer que ele seja. No sentido organizativo, no sentido funcional, na saúde, na doença, na identidade do sujeito.

Este conceito de sexualidade alargada partiu de Freud, após a verificação duma sexualidade por todos negada: a sexualidade infantil ... largamente manifesta num conjunto de actividades parcelares que, pouco a pouco, acabarão por se congregar e fornecer ao adulto a sua forma de estar nesta matéria. Há uma insofismável relação entre o percurso efectuado e a expressão final: entre a relação de objecto infantil e a relação de objecto do adulto, mesmo que tal seja negado ou internamente não percebido pelo indivíduo, como frequentemente acontece. Essa relação fará valer os seus direitos na forma, na escolha, na perversidade, no sentimento íntimo, na normalidade, na anormalidade, nas angústias, sobre tudo isso que sempre cada um transporta. Os seus limites tornam-se por isso extremamente fluidos e pessoalizados, nunca estabelecidos normativamente, não sendo nunca programáveis do exterior.

Na verdade, há sempre um elemento pessoal indestrutível, afectivamente investido, com zonas polémicas que, no enquadramento interior ou no enquadramento exterior, acabam por gerar harmonias ou conflitos igualmente pessoalizados. Conflitos que acontecem em todas as épocas, quer se esteja em época de liberalismo hipertrofiado, quer em época de conservadorismo inibidor. Conflitos que não dependem nem de teatros nem de sacristias. O que muda, conforme o acaso do tempo, será a forma de expressão do conflito no exterior, a eventual patoplastia da sua zona polémica.

Queremos com isto dizer que a sexualidade de cada um é-lhe característica e que será sempre a sua sexualidade possível. E que essa sexualidade, pelo facto de ser resultante dum longo processo dinâmico, assenta num equilíbrio estrutural muito anterior à valorização social ou ao julgamento externo de qualquer sentido. Facto que a torna potencialmente conflitual, seja em que circunstâncias for.

Pensamos também que as grandes polémicas interiores são quase sempre relativas à sexualidade ou dela derivam, o que se deve ao facto de cada pessoa obrigatoriamente congregar em si mesma, em núcleo indissociável, a curiosidade, o desejo e os enigmas poderosos que na infância se lhe despertaram nesta matéria. Os quais nunca foram totalmente decifrados e permanecem inconscientemente, com os respectivos obstáculos e contradições, armadilhando a forma de estar na sua relação com o mundo. Pensamos também que as polémicas exteriores não andarão muito longe disso. Cada "solução" será uma pessoa constituída, assente nas bases dinâmicas, conflituais e afectivas da sua sexualidade.

O sexual não será portanto redutível ao genital nem ao crescimento biológico do aparelho reprodutor. É muitíssimo mais complexo e representa na sua essência, no seu conjunto, o estado actual e a sedimentação básica da evolução da espécie humana e da organização psicológica de cada um. As suas características derivam da existência de dois sexos diferentes e da tensão diferencial que na relação entre eles se estabelece. Se houvesse apenas um sexo não haveria conflitos, nem guerras, nem problemas. Podemos dizer com algum humor que foi um erro terem-se criado dois, embora todos saibamos que as soluções alternativas unissexuadas, surgidas noutras espécies – reprodução por partenogénese ou por hermafroditismo – apenas produziram até hoje seres inferiores, com quem não será muito agradável fazer comparações, nem pensar constituir família.

Esta verificação da existência de dois sexos que a criança precocemente faz, vai tornar-se fundamental: – o pai é diferente da mãe no corpo e no funcionamento ... enquanto a criança só pode ser um dos dois. É a vivência dessa situação infantil, no seu desenvolvimento peculiar paulatinamente construtivo, que vai proporcionar o desenho sexual e qualidade identificatória à posterior função adulta, seja ela qual for.

O resultado do conjunto dos elos maturativos, vivido afectivamente na experiência e organizado em sentimentos íntimos, com linhas de força sensivelmente fixadas, constitui na verdade a identidade de cada um. Cada elo da construção depende do anterior e não passa sem o resto que dele ficou, o que o entrelaça numa rede e o torna dificilmente mutável.

AGITAÇÕES SEXUAIS ... FANTASIAS

No caminho, múltiplas ansiedades e culpas se viveram, cujas cargas e marcas se tornam incidentes sobre o futuro. Dois sentimentos: ansiedades e culpas ... são tão marcantes em tudo isto que, potencialmente fixados, estão sempre em risco de emergir e de criar dificuldades, repetindo. A futura margem de manobra será estreita por isso: o maior quantitativo está irremediavelmente construído, desde a infância, entre o prazer e as potenciais dificuldades transportadas.

Torna-se compreensível através desta observação que, no adulto, mesmo apenas no pensamento, só aparentemente todas as fantasias sexuais sejam livres e sem limites. Existem sempre estreitamentos personalizados pelos mecanismos que se mobilizaram contra o desprazer dessas antigas experiências culpabilizantes ou angustiantes. A fantasia, mesmo só do pensamento, não ultrapassa nunca com ligeireza determinadas situações. Por razões ainda mais notórias o mesmo acontece no comportamento sexual, que compreende uma enorme variedade e complexidade descritiva, nos livros e no que se atribui aos outros, mas acaba sempre por ser realizado na forma particular de cada um. O conjunto está tão profundamente enraizado na estrutura psicológica e na sua soberania, que constitui um dos mais autênticos e directos sinais ou manifestações do funcionamento mental do indivíduo.

Parece-nos portanto completamente improvável imaginar, a não ser no teatro, e pode haver muito teatro sexual, um comportamento que anule a afectividade e a estrutura psíquica subjacentes. O indivíduo e a sexualidade compuseram-se e formataram-se em partitura soldada. A qualidade do texto, a sensibilidade dos tocadores, a engenharia do som, dependem do amplexo que conjuga as partes interessadas tal como são. Musicando numa orquestra que se torna, mais do que noutra função qualquer, susceptível de desafinar.

A voz exterior para o adulto, a voz oficial do ambiente instituído, terá reduzida importância, quando comparada com essa outra voz interiorizada precocemente. A voz exterior apenas secundariamente facilita ou inibe esta ou aquela forma de expressão, este "pecado" ou aquela "virtude". A não ser nas tais situações de teatro, onde uma pseudossexualidade ou uma sexualidade "como se", deslocada do Self e organizada em pseudo, age imitativamente em acção ou reacção para o exterior, procedendo contra o sentimento de vazio ou de ausência de estrutura que dentro de si contém.

A LIBERDADE DUM COXO... PERTURBAÇÕES

Por vezes acontecem perturbações no trajecto maturativo da sexualidade. Nessas circunstâncias, para sobreviver às angústias, o indivíduo funciona constantemente em procura: mas constantemente também pouco encontra. Por vezes termina, quanto à escolha do exercício, da forma e do parceiro, num certo tipo de comportamento dito bissexual, que não é nem uma coisa nem outra, porque não pode ser coisa nenhuma. A perturbação narcísica contida nessas situações de base torna-o incompatível com uma sexualidade minimamente verdadeira ou satisfatória, seja ela qual for.

Neste acontecimento inúmeras variações podem de facto surgir. Há doenças estruturais da sexualidade, assentes em organizações deficitárias, regressivas ou insuficientemente amadurecidas, que proporcionam comportamentos sexuais igualmente estruturais e perturbados. Há doenças de comportamento. As respectivas organizações psicológicas impõem esse tipo de manifestação, porque os caminhos estão traçados e não são susceptíveis de fácil opção como às vezes, de forma ligeira e em defesa pessoal, grupos de militantes procuram fazer crer.

O comportamento sexual não é nunca uma opção daquele dia, porque internamente não há lugar a qualquer tipo de decisão desse cariz. O indivíduo faz assim, é assim, porque não pode ser doutro modo. Obtém prazer sexual de determinada forma, com determinado objecto, às vezes com grande esforço para pequeno proveito, nomeadamente nas chamadas perversões, porque não consegue obtê-lo doutro modo. É por isso que o acto perverso é uma liberdade perdida e não uma libertação anunciada. É a liberdade perdida de não poder fazer doutro modo, determinada pelas angústias internas violentas que doutro modo emergiriam. O carácter patológico avalia-se pela fixidez estrutural que impõe, acrescida pelo sofrimento que provoca no outro. O perverso tem a liberdade dum coxo e o prazer dum falido.

A introdução de elementos variáveis de permuta, eventualmente picantes, susceptíveis de escolha ou partilha, será já muito diferente. Trata-se duma outra questão, igualmente importante na sexualidade, mas apenas superestrutural, porque antes disso e no fundo, persistem obediências a determinações íntimas fixadas, sob pena de nada funcionar. Esses elementos são susceptíveis de "educação" mas a base não será. O picante alegra porque fantasia, mas a fixidez entristece porque obedece, seja qual for o grau de aceitação social em que circule.

A aceitação ou a rejeição social só podem ser consideradas geradoras das verdadeiras alegrias ou tristezas sexuais por defesa projectiva de quem o faz. Conferem roupagem aos sentimentos que dela tenham necessidade, face ao medo de se verem descobertos ou posto a nu, mas só a esses, o que está longe de ser o mais comum ou acontecer em toda a gente. Os tabus são de origem psicológica, não são de origem social.

QUE PODEREMOS ESPERAR: O PECADO ORIGINAL

O que vimos a dizer sobre os factores sociais sempre assim foi e há-de continuar a ser, mesmo considerando que a sua importância relativa varie na forma e na intensidade. Ou que, mesmo nos processos culturais face ao obscurantismo, se desenvolvam movimentos globais tendentes a minimizar a sua influência, tal como agora está a acontecer.

Esses movimentos culturais actuam, mas a extinção definitiva da inibição sexual, como às vezes se pretende ou se divulga, será apenas uma utopia e uma impossibilidade. Pretender isso é esquecer a diferença entre factores sociais e pessoais, entre o interiorizado e o que vem de fora. Será misturar factores que embora se somem ou interliguem num espaço interno comum, têm ampla autonomia noutras zonas específicas do psiquismo. Um processo analítico pode distingui-los sem dificuldade.

Esta manobra defensiva na distribuição dos espaços internos modela e é útil à vida psicológica, porque lhe cria condições para não se posicionar apenas como vítima da engrenagem externa. E também porque fornece úteis elementos à compreensão de temas tão despertos como o da repressão, educação repressiva, pai repressivo, etc.... Falamos nisto porque também aí, alguns profissionais fantasiam possibilidades de, com certas medidas socioculturais, lhes acabar de vez com os prejuízos. Diremos que o pai é repressivo só pelo facto de existir, em nosso entender, mesmo que idealmente tudo faça para o não ser. Basta-lhe ser grande e ter regras mínimas perante a criança pequena e frágil, para só por isso impor movimentos e impedir expressões. Toda a educação é repressiva só pelo facto de ser educação e toda a gente fisiologicamente passa por ela. O mesmo acontece quanto à sexualidade e quanto à culpa que dela decorre, pelo que a libertação expedita só pode ir até determinado ponto, variável de pessoa para pessoa.

Por isso, em nossa opinião, o anúncio da desculpabilização sexual completa, de muito sucesso nalguns meios, será escandalosamente falso porque não considera a diferença entre pecado-conceito e pecado-sentimento. O conceito de pecado é um fenómeno social, religioso e cultural, que foi tão insuportavelmente acrescentado à vida sexual dos indivíduos durante séculos, que a civilização actual procura encarregar-se publicamente de o desfazer, num movimento que, sendo saudável e natural à partida, se torna ingénuo ao proclamar a vitória final. Nessa afoiteza esquece o "pecado original", que tem origem bastante diferente. A informação e a educação sexuais têm vantagens inegáveis mas não podem confundir o levantamento social da proibição, mesmo considerando a postura diferente dos pais relativamente aos filhos e os benefícios que no futuro daí possam resultar, com a presença ou ausência desse sentimento de pecado ou de culpa inicial ligado ao sexo.

Tal como para a repressão de que falávamos ou por via dela, podemos dizer que a vida sexual é sempre "pecado", mesmo que do exterior não venha reparo ou aparentemente nem nisso se pense, porque nela haverá sempre uma culpa implícita ou potencial. O melhor momento para o verificar fornece-o a criança antes de organizadamente ter regras sociais para cumprir. Pode observar-se, nessa altura, que a culpabilidade-sentimento já existe, intricada nos afectos da relação com a mãe e com o pai, embora passe depois, a partir da socialização, a desempenhar um papel mais definido e orientado. Existe já no texto da sexualidade infantil, não ligada ainda aos códigos sociais e religiosos, os quais só mais tarde encontrarão espaço psicológico para se instalar.

Há de facto uma culpabilidade inicial, existente antes de tudo o mais, característica da espécie humana, inevitavelmente transmitida. Vivida na relação precoce, sexualizada no crescimento, trata-se duma culpabilidade que os psicanalistas descobrem na investigação e de cuja existência outros pensadores dos fenómenos mais profundos também já se aperceberam. Estamos a pensar em filósofos e fundadores de grandes religiões para quem a criança é um ser portador duma culpa original, dum "pecado original", cuja remissão será necessária para ter acesso à bem aventurança eterna, ou, mais modestamente, para ter acesso ao bem estar interior de quem não se importar de ficar por aqui. Marca original, terrível, intrínseca, completamente independente da nossa vontade e do nosso alcance, designada em Psicanálise por culpabilidade primária, transporta-se na vida afectiva no seu todo, inseparável do crescimento normal. No entanto, será também condição indispensável para que o desenvolvimento das características humanas se façam, no melhor que a palavra pode ter. É o seu lado positivo.

Trata-se certamente dum preço a pagar á mãe ou aos deuses, pela longa dependência que o ser humano deles teve para sobreviver. Freud em "Totem e Tabu" associa-a ao crime primordial, ao assassinato do pai feito pelos filhos da horda primitiva, na disputa pela mulher, cuja memória e remorso persistirão no inconsciente da espécie transmitidos filogeneticamente. Hoje temos tendência a considerar essa culpabilidade uma consequência da dualidade pulsional, desde o início vivida na relação de objecto com a mãe, sinalizadora duma agressividade e destrutividade primárias. Freud, ao alongar o Complexo de Édipo até às origens, estava mais próximo do que nós do mito bíblico da criação, aprendido na sua infância, era mais "religioso" do que somos hoje.

Será de facto melhor pensar, com algum sentido de humor, que todo o prazer contém em si mesmo um pecado proporcional: que não há sexo sem pecado e que a melhor vida sexual será a que consegue uma boa gestão entre o prazer e a culpa, aliada a uma verdadeira independência quanto ao que socialmente se pensa. Será melhor também retirar do mercado a fantasia da extinção definitiva desse sentimento, hipoteticamente conseguida ao abolir a repressão e os tabus sociais. Mesmo que, demonstrativamente, para o efeito se realizem excelentes manobras conjuntas e se promovam expeditos tirocínios eróticos. Mesmo que se façam as melhores inundações sexuais, para cuja realização militante nunca será difícil encontrar ginastas bem formados, plenos de generosa motivação.

Lembramos a este propósito, no entanto e de passagem, o que dizíamos atrás a propósito do teatro. Todos os psicanalistas têm larga experiência clínica da contradição, ou até do antagonismo, entre o "dentro" e o "fora". Entre a desinibição externa e a inibição interna, o sexo por fora e o sexo por dentro, a diferença entre a sexualidade com verdade interior e a pseudossexualidade exposta para os outros. Sabem que para iludir o vazio dessa zona, se criam distâncias abissais. O maior veneno da vida sexual, depois da culpa, será o heroísmo, seu contraponto vezes sem conta. O heroísmo sexual é um heroísmo como outro qualquer, tem pouco a ver com a autenticidade.

QUE É FEITO?

Depois destas breves notas e para terminar, parece-nos conveniente referir que o erro divino da criação de dois sexos, que ironicamente atrás mencionamos, a partir do qual terão surgido todas as calamidades do mundo, é, curiosamente também, o mesmo que nos proporciona a beleza deste contacto. É o mesmo que nos permite estar hoje aqui, numa relação participada de mútuo prazer, donde em tempo justo nascerão frutos de qualidade garantida.

Que é feito da sexualidade?

Está aqui, na cabeça e no corpo, diante de nós, nesta relação!... Têmo-la aqui!

Abençoado erro! Devemos todos agradecer!

SEXUALIDADE: AFORISMOS [1]

Requerendo sempre delicadeza qualquer introdução nesta matéria, tudo se pode complicar quando acrescem responsabilidades. Como será o nosso caso nesta mesa, encarregado de introduzir o tema. Rodeado de personalidades ilustres dos meios científicos e académicos, que irão separadamente e pela sua ordenação natural tratar da sexualidade, não se estranhará alguma preocupação.

A muito elevada capacidade dos intervenientes aconselha a que se lhe dispense o tempo máximo possível, além de se afigurar prudente, por nossa parte, traçar apenas enunciados reflexivos de base, em tom geral, sem busca de grandes desempenhos. Se trouxermos ideias simples, se aconchegarmos o trajecto sem particularizar ... todos colheremos significante benefício.

Neste desiderato, parece-nos curial lembrar, somente como quem transporta aforismos, que:

1. Sexualidade é "facto psicossomático" por excelência. Condição facilmente verificável nos múltiplos sentidos e trajectos das suas funções: na procriação, na relação entre as pessoas, na procura

---

[1] Publicado no número 5 da *Revista Portuguesa de Psicossomática,* Porto, 2001.

de prazer, na globalidade desse mesmo prazer... É sempre a expressão duma totalidade pessoal a funcionar, registada numa impregnação de tal forma visível e absoluta, que o seu movimento íntimo e a sua caracterização podem acontecem iguaizinhos em todos os graus de consciência. Tanto na vida acordada como a dormir, tanto na alegria como na dor, a sexualidade pode acontecer da mesma completa maneira, ao contrário de outras funcionalidades. Enquanto ninguém come ou bebe a sonhar, é possível sentir "na realidade" e ejacular, corporalmente, mentalmente, nessa situação.

Aforismo – Sexualidade é coisa psicossomática total, muito longe da química dum neurotransmissor em desempenho.

2. Será de supor que a função procriativa e a função erótica se localizem por enquanto anatomicamente juntas, porque a evolução ainda não estirou gavetas exclusivas para cada uma, como parece acontecer noutras espécies. A sexualidade-sem-fim-reprodutivo deve ter sido a última aquisição da espécie humana. Só assim se compreende essa sua mal diferenciada confluência na zona expulsiva e excremencial, que necessariamente teria de existir desde o início. Facto que lhe confere um destino e uma vivência particulares. Que facilita imenso a sua cobertura com um manto fantasmático de sujidade, na história das pessoas e das culturas.

Aforismo – A porta de saída sexual propicia fáceis parcerias de sujidade, no corpo e na mente. Só a intensidade do desejo as supera e elabora.

3. Por isso a teoria do pecado original existe em todas as religiões e provem da sexualidade. Será preciso sempre resgatar a sujidade originária, onde floresce toda a origem do mal: a origem da tragédia. Hoje falaríamos de culpabilidades primárias ou fantasmas de culpa estruturais, de assento garantido na relação precoce do bébé com a mãe, ao designar essa condição inicial. Toda

a gente inclui algo de culpabilidade, agressividade e destrutividade na textura relacional inapelável, que a sexualidade transporta. Os baptismos serão uma tentativa de reparação, uma lavagem simbólica, com o valor acrescentado duma benção omnipotente sobre fundamentos característicos da espécie. Sobre viagens doutra leitura. Mas beneficiam de facto alguma coisa em quem os faz: uma parte da culpa repara-se tomando consciência dela, exorcizando-a. Todos os santos e pecadores se justificam nesta área; nela circulam toda a sua subjectividade.

Aforismo – A vida sexual é tanto mais conseguida, quanto mais eficazmente tiver sido redimida a culpabilidade que transporta

4. Toda a gente conhece a extrema delicadeza da sexualidade, excepto os selvagens e os sexólogos. Os primeiros por razões de fundo, por razões propriamente ditas: os segundos por tormentos de orgasmos, vibradelas e penetrações. Ambos se esquecem da parte de "dentro", julgando o sexo um aparelho nu, despido de sensibilidade psicológica, sem preocupações com as regras de trânsito. Eles não sabem disso, mas na verdade todas as pessoas têm zonas íntimas e medos nesta matéria. Só o seu grau varia, utilizando-se as mais diversas soluções e misturas para os remediar.

Aforismo – Confundir sexualidade com mecânicas e contagens será um estádio primitivo da cultura.

5. Há um percurso na sexualidade e um sentimento íntimo desse percurso, em toda a gente: na prática física, na vertente emocional, na globalização psicossomática. Mesmo durante as chamadas "crises", como na adolescência e na menopausa, isso permanece. Traçado e vivido em unidade e continuidade, esse percurso desenha-se sem rupturas ao longo da vida, utilizando linhas estabelecidas do princípio até ao fim. Não há fases estanques nem parques de estacionamento nessa auto-estrada, desde que

tenha havido desenvolvimento fluído a partir da sexualidade infantil. Este sentimento de percurso, onde pouco colherão artificialidades recém-chegadas, é um dos alicerces fundamentais da identidade pessoal e da organização da identidade sexual. Sólido ou frágil, bem ou mal aceite, baseará sempre, mesmo quando pretensamente escondido ou desconsiderado, um implícito decisivo nos desígnios e comportamentos, em todos os sentidos. No subsolo mais fundo cada um será sempre o "mesmo", no trajecto do seu ciclo vital: será sempre basicamente o mesmo, ainda que procure modificar o alinhamento ou disfarçar, utilizando paramentos e "silicones", físicos ou mentais.

Aforismo – Como não há gavetas de aluguer no interior das pessoas, não serão possíveis enxertos sexuais nem próteses redentoras.

6. Nunca ninguém ensinou as árvores a crescer, nem os animais a copular. No entanto, fazem-no melhor do que nós. Também nunca ninguém os limitou, proibiu ou incentivou; também nunca foram obrigados a "pensar" nisso, a pensar no que fazem. Não fazem disso angústias nem medos.

Torna-se claro que, nos seres humanos, muitas das alegrias e tristezas da sexualidade acontecem porque existe pensamento: – pensamento sobre si próprio, sobre a outra parte, sobre os conteúdos inter-relacionais, sobre a prática – que podem intoxicar-se de fantasmas em doses significativas. A sexualidade é uma privilegiada área de "espíritos" e precaridades.

Aforismo – Na sexualidade, infelizmente, pensar acarreta alguns prejuízos.

7. As crianças não têm qualquer mal entendido com a sexualidade: nem com o corpo, nem com o erotismo. Os adultos todos têm. Esta circunstância, tão pouco desejada, alicerça-se em simul-

tâneo com a consciência e o conhecimento da coisa. A origem do conhecimento é a origem do conflito, sempre presente ou potencial, mesmo quando não parece. É por isso que, no estado actual da espécie, a sexualidade está cheia de esconderijos, problemas, derrapagens e idealizações. Vive inundada de nevoeiros. É uma trama complexa, cheia também das maiores e mais diferenciadas satisfações que se podem usufruir. Mais do que noutra área qualquer, nela se concretiza este lamentável paradoxo que o "Criador" não preveniu: o ser humano desenvolveu mais a "cabeça" do que a possibilidade orgânica de a acompanhar.

Aforismo – Na sexualidade existem sempre conflitos, não se vislumbrando botões de saída nem clicagens de bonitas cores para facilmente os resolver.

8. Na evolução das espécies houve um "erro" fundamental. Os seres humanos nasceram na condição trágica de "prematuros", ao contrário dos seus irmãos antecessores, o que lhes determinou, para sobreviver, a total dependência da mãe ou substituto. Metaforicamente se dirá, que só uma gravidez de três anos o poderia remediar. O que, em boa verdade, nem sequer em teoria, alguém estaria interessado em propugnar (antes pelo contrário). Prematuro, frágil, dependente, o ser humano contamina e é obrigatoriamente contaminado na relação que estabelece com esse alguém de quem depende. É no amplexo e no contágio desse encontro, bom e mau, que se organiza a sexualidade. É nessa relação. Mas um outro grave paradoxo de viver, universal, ganha estado dentro de cada um nesta fórmula: "É estranhíssimo mas é verdade: a mesma mãe que me proporciona este fabuloso aquecimento, este magnífico desenvolvimento de que tanto gosto, traz-me também a sua própria limitação; como poderei resolver isto?" Ninguém pode resolver isto. Além da incontornável dualidade instintiva, não serão nunca totalmente satisfatórios, por definição absoluta, nem os objectos continuadores desta relação no adulto, nem os mecanismos de compreensão e aceitação postos em marcha

sobre isso mesmo. Justamente porque são substitutos, porque foram arranjados para substituir o insubstituível.

Aforismo – Na sexualidade acena-se e idealiza-se mas não se alcança; falta sempre qualquer coisa. Nunca é definitivamente satisfatória.

9. É por isso que os afectos e o seu estado desempenham tramitações essenciais no exercício. Compõem músicas e conferem sinfonias. São eles que consertam essa relativa insatisfação e lhe dão a cor que explicitamente faltava nos botões do computador. Estão sempre presentes na relação e no sonho, qualquer que seja a concavidade onde o sexo se realize. Até na masturbação narcísica isso acontece, a solo ou a dois, mesmo quando ninguém aparentemente o considera. Estão lá sempre, embora possam ser muito diversificados em grau e qualidade. A realização contem-nos implícita, eventualmente escondida sob a capa dos motores, na forma duma necessidade de proximidade emocional. É uma inerência do ser humano.

Aforismo – Os afectos nunca se excluem completamente, mesmo quando se afunilam no limite; sem reconhecimento da existência do "outro" nunca haveria "movimento" sexual.

10. Na natureza existem dois sexos e não três ou quatro. Porque são dois e diferentes, o outro estará sempre presente e desencadeia uma dinâmica tensional originária, que não é, na sua essência, nem cultural nem psicossocial. Embora também dependa um pouco dessas duas condições. Trata-se duma tensão ontogenética, intrínseca à condição de "mim" e do "outro", que para além do conflito, constitui também a maravilha do sexo e do seu encontro. A diferenciação entre os dois modela-se nos anos precoces, num processo psicológico fundamental, que constitui boa parte do que gostamos de apelidar "ADN mental". Acompanha o desenvolvimento biológico.

Aforismo – Mesmo sem darmos por isso, temos sempre os dois sexos no pensamento.

11. A forma de reprodução da espécie, juntamente com a prematuridade e essa tensão sexual, entrelaçam uma tríade activa sem descanso, responsável pelo desenvolvimento filogenético e ontogenético. Tríade responsável pelo estado actual, pelo acontecido, pelo que venha a acontecer. Verdadeiramente dinamizadora, tudo se tem de lhe assacar quando se fala de caminhos, conquistas, culturas e processos civilizacionais. Ou seja, tudo se lhe deve quando se fala da "vida" e do ser humano. Basta reflectir um pouco para nessa linha concluir. Aliás, os outros tipos de reprodução animal conhecidos, partenogénese e hermafroditismo, o máximo que até agora conseguiram foram uns pobres gafanhotos cavernícolas e uns mosquitositos desajeitados. Vamos muito mais longe porque navegamos nessa tríade, numa fabulosa condição estabelecida, que não pode ser apagada nem retroceder. Só a lentíssima evolução da espécie lhe poderá modificar o trajecto.

Aforismo – Não parece possível virtualizar a sexualidade no espaço sideral, mesmo que alguns mecânicos divertidos, promotores de milícias masturbatórias, disso façam profissão de fé.

12. No percurso pessoal podem acontecer obstáculos, com angústias e negações, os quais, pela sua intensidade, em vez de contribuir positivamente, aprovisionam forças de bloqueio. Em vez de criar, regressam. Unissexo, frequentemente apresentado como objectivo, em directo ou em diferido, não é mais do que uma dessas tentativas falhadas. Concebido para fugir às ansiedades que o conflito em si mesmo propicia, unissexo não existe: é um refúgio de indivíduos agredidos, dessexualizados, deprimidos, vagamente homens, vagamente mulheres, vagamente as duas coisas ao mesmo tempo, porque não podem ser coisa nenhuma. Esvaziados de espaço e de temperatura, não são uma cultura como ás vezes se pretende. São a sua ausência, em cubos de gelo.

Aforismo – Unissexo é uma fantasia anti-depressiva: foge do vazio através do frio.

13. Na condição fixada de agredido, podem gerar-se movimentos em busca da liberdade bloqueada, utilizando desenvolturas e multiplicações de gestos supostos de libertação. Mas, desgraçadamente, gestos por fora são inconsequentes por dentro: conservam intocada toda a mesma condição. Sexo por fora e sexo por dentro podem ser fenómenos tão diversos, ás vezes tão contraditórios, que a vida inteira dos protagonistas se centraliza numa onda de borboleta em seu redor. Sem que efectivamente a malha se altere um pouco que seja. Ora dum lado, ora do outro, giram numa impossibilidade: movem-se num desencontro, cortejando antagónicas vertentes sem nunca lá chegar. Nessa derrapagem mantida e quase sempre negada, nunca a liberdade e o prazer jogam em terrenos consecutivos: as duas faces jamais se unificam. Na permanência dessa atitude o conflito acentua-se, patologiza-se na exclusividade, precipita-se no deserto. Uma parte do jogo estará sempre perdida: realiza-se fora de casa, no terreno dum adversário ganhador.

Aforismo – Sexo por fora e sexo por dentro estão longe de constituir uma equipa: contradizem-se muitas vezes. Filigranas mal construídas não se recuperam em combates de liberação.

14. Na sexualidade não existe o chamado "prazer de órgão", nem o concomitante desprazer da sua falta. São maneiras de dizer. O órgão será um poderoso banqueiro neste investimento, mas não será o seu ponto exclusivo de partida nem o seu ponto exclusivo de chegada. Não existem alegrias nem dores de órgão propriamente ditas, pelo menos no modo absoluto como se conta: absorventes, totalitárias, localizadas. Trata-se de históricas ilusões teórico-práticas, de magias parcelares, de textos formulados nos corredores da reivindicação sindical. Mesmo na masturbação e

na pornografia. São traduções da vida sexual em línguas de rua mal frequentada, servidas por fracos dicionários. São alimentos de cultura rodoviária, divulgados como se racionalidades ossificadas significassem novas e melhores capacidades de simbolização. Como se grunhidos locais fossem símbolos universais.

Até os primos da Província sabem que instrumentos mecânicos não são funções nem essências. Até eles sabem que o orgasmo é uma união total, uma inseparável união de corpo e "alma", acontecida num patamar de tão elevada dimensão e de tão utópica chegada, que, infelizmente, terá de acabar logo a seguir. Aliás, a espécie morreria se o prolongasse demasiado tempo.

Só na aparência é o órgão que sente: só na perversão total, que provavelmente não existe, isso se poderia admitir.

Aforismo – Sexualidade transporta o desejo e a realização simbólica mais elevada da espécie humana: constitui por isso o seu mais intenso prazer e a sua mais constante procura. Logo por azar, será sempre também um fugidio soluço.

15. A saúde sexual, como a saúde mental em todos os sentidos, não se define pela existência de conflitos. Define-se pelo seu grau, pela sua prevalência, pelo modo como se lhe faz a gestão. Avalia-se pelo seu sentimento íntimo de conflito e pelo seu seguimento na relação com os outros. Avalia-se na relação com a vida em geral, num processo de conteúdos e dinamismos nem sempre conscientes. É por isso que a fluidez e a satisfação do comportamento sexual, ou as suas dificuldades, não se aprendem nem se ensinam, não se transmitem como conhecimentos escolares. Em cada pessoa será sempre o emocionalmente possível. Cada um transporta um cortejo de penduras: só ele os conhece, só ele os pode conhecer. Ele é que sabe: resultará pouco tentar educá-lo, em maneiras de faca e garfo!

É por isso que aconselhar permissividades sem mais, como função terapêutica, não passa dum abraço de superfície, dum entusiasmo de mass-media, duma tonteria de computador. Às vezes não passa dum acrescento traumático, com grave risco psicopatológico. Nada resolve: nada conhece das caves do edifício.

Não considera a pessoa, muito menos os seus escuros:

Aforismo – Na sexualidade, o próprio sabe muito mais de si do que o sexólogo: louça fina quebrada não pede calcetaria.

16. Repetindo uma expressão com algum sabor, sensivelmente a mesma com que há anos finalizamos um artigo sobre "Identidade Sexual", lembramos que:

Aforismo primordial – Na sexualidade, os seres humanos crescem como as árvores, desde que os deixem crescer. Não é preciso puxar. Primordial será proporcionar terreno produtivo e retirar as ervas daninhas que em seu derredor se movimentam.

EDUCAÇÃO: A SEXUALIDADE INFANTIL [1]

APETECE SEMPRE LEMBRAR, como quem repete uma ideia-chave, que os seres humanos se forjam durante uma infância cercados: por alimentos benfazejos e por tormentos envenenados. E que estabelecem com ambas as frentes uma estreita combinação... ficando depois assim... ficando assim como são.

A sexualidade, característica delicada da espécie, muito depende do estado do terreno onde esse jogo se disputa, onde esse cerco se aperta, onde essas faces se interrelacionam.

PSICOSSEXUALIDADE

A sexualidade é um conjunto evolutivamente organizado durante o crescimento. Obedece a circunstâncias relacionais desde o início, as quais são muito variáveis de pessoa para pessoa. Pessoalizada por isso, a sexualidade torna-se também por essa razão bastante específica do ser humano: existe em si mesma, caracterizando a espécie, de forma bastante diferente da série animal que nos precede.

---

[1] Conferência no Porto, em 1996, num Colóquio sobre "Educação e Sexualidade".

Para essa condição, há uma razão determinante, muito simples de verificar: nenhum ser vivo nasce em tão grande fragilidade e tão grande dependência como o ser humano, relativamente à mãe que o gerou. O bebé é um prematuro, nasce antes do tempo, nasce antes de conter qualquer possibilidade autónoma de subsistir. Nasce numa total incapacidade de sobrevivência, se não for devidamente maternalizado: o momento actual da evolução da espécie situa-o dessa maneira. É nessa circunstância muito particular que a sexualidade infantil se balanceia e promove. E que o futuro da pessoa em crescimento definitivamente se arquitecta, no seu funcionamento psicossomático.

De facto, nove meses de gestação são manifestamente insuficientes para amadurecer a mais elementar função autonómica. Ou para desencadear capacidades de movimento, sozinho, ao potencial inato que o bebé transporta. Só pelos 3/4 anos se completa o desenvolvimento do sistema nervoso central que nos caracteriza. Só nessa altura se atingem as capacidades que fundamentam o indivíduo, a identidade, a sexualidade que o alicerça.

Durante todo esse tempo de espera, tempo de maturação decisivo, muito se passa. Pouco a pouco, na intensa relação com a mãe de quem depende, a criança constrói e organiza o que vai ser, como vai ser, como vão ser os seus caminhos. Constrói e interioriza a sua forma de relação com a mãe, com o pai, com os outros. Em múltiplas áreas isso acontece, mas acontece de forma mais evidente nas áreas de ligação e ternura. A sexualidade, certamente a mais sensível dessas expressões, tal como a agressividade e todas as outras trocas afectivas de qualquer registo entre as pessoas, gera-se nesse clima. Exercita-se, modela-se: nele se estabelece para o bem e para o mal. O adulto em funcionamento, de forma consciente ou inconsciente, para lá sempre se remete. Por isso os psicanalistas, em vez de sexualidade preferem falar de psicossexualidade, ou seja da sua representação mental interiormente instituída: dentro de cada um, pessoal, à sua maneira.

A especialíssima situação vivida com a mãe, depois com o pai, com os dois ou com os substitutos, modela a sexualidade do momento mas no percurso modela também o conjunto final. Modela o conjunto que constituirá "o sentimento de si", "o próprio", "o sentimento de identidade", sentimento que proporciona a coesão interna da unidade pessoal e da sua diferença relativamente aos outros. Por isso a diferença duma pessoa para a outra não reside no corpo ou no somatório orgânico visível. Reside muito mais no sentimento íntimo de possuir uma capacidade pessoal de funcionar duma determinada maneira, de ocupar um certo espaço individualizado, de realizar determinados atributos diferenciais, de ter uma auto-imagem. Reside na ideia que a pessoa tem de si, do seu próprio corpo, da sua totalidade. De como se realiza mentalmente, como se vive na relação com os outros, ou seja, como acontece a sua (psico)sexualidade, como gere a satisfação/insatisfação nessa área, como circula neste seu irremediável movimento.

"A minha pessoa é coisa pessoal", dirá o adulto saudável. Sem esse sentimento instituído nos anos iniciais, desenvolvido em solidez ou fragilidade ao longo do tempo, o corpo nem saberia da sua existência. Tal como as plantas não sabem quem são, mesmo que cresçam bastante bem e cabalmente cumpram o seu botânico desígnio.

Nesse desenvolvimento infantil o bebé surge, obviamente, com a dotação genética da espécie. Dotação condensada no ADN, que transporta uma filogénese de milhões de anos. Dotação que, entre outras referências, transporta a sexualidade instintiva (pulsão libidinal), embora ela seja mais indiferenciada na altura do que outra necessidade qualquer. Mais indiferenciada porque, contrariamente aos instintos mais imediatistas ou de sobrevivência primária (fome, sede, etc.), a sexualidade representa a maior e mais operativa força de ligação instintiva relacional, e por isso, só nessa própria ligação se vai diferenciar. Os seus objectos, os seus objectivos, as suas formalidades, só vão ser estabelecidos depois do nascimento, através das vicissitudes e envolvências afectivas que acabam, em rigor, por a determinar. Que acabam por a orientar e caracterizar, à maneira possível de cada um.

São esses processos que constituem a sexualidade infantil.

DA PSICOSSEXUALIDADE... ATÉ AO FUTURO

Hoje é fácil aceitar este conceito duma sexualidade modelada na relação inter-humana, estabelecida pela criança em crescimento, enredada no jogo da sua história pessoal e desse modo objectivada, determinada e funcionante.

Curioso foi ter sido necessário chegar a Freud, há quase 100 anos, ao segundo dos seus "Três ensaios sobre a teoria da sexualidade" (1905), para a comunidade científica lhe descobrir a existência e os termos.

Antes, pensava-se ou confundia-se a sexualidade com a sua componente genital adulta: as crianças, anjos inocentes, não podiam incluir-se nesta área obviamente pouco limpa. Só a partir desse autor se começou a pensar que a sexualidade adulta seria o patamar último e terminal dum longo processo anterior, que englobaria outras fases diferenciáveis, iniciadas na primeira infância. Que de facto se iniciava na sexualidade infantil.

Essa obra, que constituiu o maior escândalo científico-sexual da primeira metade deste século, escândalo duramente mantido até aos anos sessenta, continua uma referência maior. Embora já estacione, certamente, nas bibliotecas e cabeceiras conventuais. Hoje é uma obra de culto, de leitura propiciada às meninas exemplares, que já não têm nada para ocultar. O conhecimento da sexualidade, das relações interpessoais, da sua história, da psicologia científica, da cultura, muito lhe devem.

Só nessa altura efectivamente se percebeu que o esquecimento (recalcamento) tradicional da sexualidade infantil se devia a uma reserva púdica, por parte dos adultos, dado não ser necessário grande perspicácia para lhe observar as práticas. Qualquer grego e qualquer bárbaro a notaram certamente, embora não o dissessem. E percebeu-se também que, para além desta "amnésia" corrente, que poderíamos designar de amnésia social, há ainda uma outra sobre ela acrescentada, mais verdadeira e mais difícil de analisar: a amnésia que realmente existe para os primeiros anos de vida, por razões psicológicas e neurofisiológicas, relativa ao período onde mergulha muito dessa sexualidade. Tornou-se curioso verificar como os adultos em processo psicanalítico acabam por recordar, em associação transferencial ou em sonhos, muitos dados e episódios significativos dessa sexualidade esquecida. E como consciencializam a importância desses movimentos na construção do seu mundo interno, das suas fantasias, mesmo das actuais. Como verificam a importância real desses seus mecanismos de recalcamento: como através deles se justificam "esquecimentos", em zonas sensíveis como esta.

A sexualidade adulta é precedida portanto e depende dessa sexualidade infantil, dessa psicossexualidade. Nela o indivíduo sustenta o que é, o que não é, a forma como actua, o objecto de procura, a vivência do desejo. Nela situa o seu estado interior, a forma como sente tudo isso, as bases do futuro que as continua. E situa-se desse modo, indeterminadamente, sem tempo, sem dependência da cultura, muito antes de cuidar do comportamento social do sexo. Situa-o antes. O futuro não depende da versão obscurantista tradicional, ou do seu oposto enroupado na "sex-explosion". Depende apenas um pouco da contemplação exterior: depende do estado actual da espécie, da sua evolução, sobretudo da forma como cada um viveu o seu processo infantil. São condições cimeiras que nada fará alterar, estabelecidas em percursos de longos anos. Como é sabido, para se chegar da ternurenta Vóvó Lucy da Étiópia (embaraçosamente crismada, pela ciência oficial, com o horroroso nome de "Australopithecus Afarensis") até aos nossos dias, foram precisos cerca de cinco milhões de anos.

A prematuridade do nascimento, causa fundamental da situação, só poderá ter dois caminhos de mudança que poderíamos fantasiar sorrindo:

O primeiro seria prolongar a gestação intra-uterina. Trata-se dum projecto altamente improvável, porque ninguém imagina colaboração das mulheres (nem dos homens) no alargamento da bacia e do resto, que os três/quatro anos de gravidez fariam supor. É público e notório que todos estão mais interessados em contrariar (reduzir o tempo) do que posicionar-se nesse tipo de cedência, mesmo que imaginariamente isso acontecesse em prol da humanidade. E sabe-se que as linhas da evolução só podem proporcionar-se no interesse adaptativo da espécie, através da sua activa participação. As zonas evolutivas serão sempre uma melhoria desejada e funcional, portanto improvável neste caso.

O segundo seria artificializar totalmente a gestação. Seria prolongá-la em laboratório, o que não estará assim tão longe da possibilidade. Mas, nessa hipótese, a espécie tornar-se-á completamente diferente; deixaria de haver sexualidade infantil, mas deixará também de haver humanidade. Devemos manter esperanças que, nessa eventualidade, sobre algum Homo Sapiens prematuro para poder contar como foi.

MASTURBAÇÕES... CONTACTOS... CURIOSIDADES... FANTASIAS

Para além das complexidades psicológicas onde tudo se joga e se cerca, a sexualidade infantil extravasa comportamentos e manifestações directamente observáveis. A sexualidade passa-se no corpo, no corpo inevitavelmente sexuado e reprodutor. De forma psicossomática visível, desde que se não fechem os olhos. Dados simples fornecem elementos significativos, quanto à existência e quanto à evolução dos interesses sexuais da criança.

Por exemplo, é comum verificar que aos dezoito meses os bebés usam ainda as mesmas palavras para referir rapazes e raparigas, mas aos dois anos já os distinguem e mostram logo a seguir consciência dos seus próprios órgãos sexuais. Aos três já exprimem grande curiosidade e interesse pelas diferenças entre os sexos, pelo corpo, pelas posições diferentes para urinar. Fazem múltiplas perguntas aos pais, numa constante atitude de interrogação sobre esta matéria, de resposta nem sempre fácil. Têm enigmas a esse respeito, tocam os adultos (o seio da mãe), observam-na com volúpia, metem-se a dormir com ela, posicionam-se na cama de preferência entre os pais.

Aos quatro/cinco anos, depois dum período de exibicionismo fácil e bastante procurado, torna-se notório o estabelecimento duma progressiva reserva e pudor.

Durante todos estes anos acontecem manipulações sexuais (masturbação infantil) mais ou menos praticadas e visíveis. Sobretudo sobre o aparelho genital, masculino ou feminino, embora existam também práticas eróticas noutras zonas erógenas, com valor equivalente. Pénis, glande, clítoris, descobertos por contacto, toque de mão, lavagens, pruridos e secreções, despertam inevitáveis sensações de prazer e desejo de repetição. Não têm caracter patológico e devem ser considerados elementos normais e comuns, na descoberta do corpo e no desenvolvimento.

Numa grande percentagem observam-se, logo no primeiro ano de vida, jogos e excitações com erecção dos órgãos genitais, ajudados manualmente ou por movimentos de aperto e roçar das coxas. Aliás, muitos movimentos do corpo aparentemente inocentes (balanceamentos, movimentos rítmicos, apertos musculares, lutas corporais, etc.), são acompanhados de satisfação e gozo, sendo repetidos para esse efeito. Estimulações orais (sucções repetidas sem finalidade e com satisfação, da língua, lábios, polegar ou chupetas transicionais) estimulações da mucosa anal (pruridos repetidos, práticas manuais), além de estimulações doutras zonas da pele no contacto corpo a corpo, são movimentos comuns de exploração e descoberta do erotismo, com evidente prazer.

Depois dum primeiro período de masturbação infantil, no primeiro ano de vida, é comum verificar uma diminuição destes ou doutros tipos de práticas manipulatórias, entre o segundo e o terceiro ano.

A diminuição coincide com a prevalência da fase sádico-anal, onde a relação com a mãe se estabelece sobretudo através duma teimosia autonómica muito peculiar, altura em que se mobilizam aquisições psíquicas novas e fundamentais. Pelos três/quatro anos há um recrudescimento da masturbação, correspondente ao início da fase genital (fálica) infantil. No período de latência apagam-se muito essas práticas e interesses, retomadas mais tarde, de forma diferente, na altura da puberdade.

As práticas auto-eróticas ou masturbatórias não sinalizam futuras perversões, nem em si mesmas constituem "perversidades" no sentido que os adultos, em julgamentos à sua maneira, têm muitas vezes tendência para fazer. A procura do prazer e da sua descoberta com repetição, indica sobretudo uma dinâmica de crescimento, onde a curiosidade é dos motores essenciais. E a curiosidade é sobretudo uma curiosidade sexual, como toda a gente sabe, mesmo os que nunca reflectiram sobre isso.

O papel compreensivo de quem rodeia, nem estimulante nem rejeitante, pode ser muito importante para a culpabilidade sexual futura, importante na saúde do adulto. No bom e no mau sentido.

Consideramos pedagógico ter isto em conta. E saber também que estas manifestações não são mais do que os elementos visíveis e dispersos de algo muito mais sensível e profundo, que pode ser prejudicado pela resposta daninha circundante. As práticas masturbatórias são apenas uma ponta do iceberg.

Lembramos aos pais inquietos quanto ao crescimento da árvore que, felizmente para eles e para os filhos, a maior parte das inúmeras fantasias, curiosidades e enigmas da sexualidade infantil não são detectáveis à vista desarmada, nem podiam ser, porque são vividas na relação global com eles. E que, quando eles se pretendem mais atentos e moralizadores, além de nada avistarem do que se passa na cabeça da criança, quanto mais olham menos vêm. Por norma apenas vêm e "apalpam" as suas próprias projecções. Importante será não danificar. O mais significativo só a criança o poderá "dizer", embora não tenha ainda palavras para o expressar.

Um bom exemplo das fantasias sexuais infantis, sempre presente na evolução, independente de quaisquer influências do exterior que apenas circunstancialmente a pode precipitar mas não criar, é a chamada "cena primitiva". Aparece em todas as análises de adultos: da sua universalidade nem o mais teimoso duvida. Trata-se da fantasia do coito parental, que observado realmente ou não, povoa o pensamento da criança com intensas cargas emocionais (violência, sadismo, excitação erótica, domínio avassalador, identificação ao papel activo ou passivo de cada um, repugnância, tropismo obsessivo, etc.) .

A intensa curiosidade sobre essa "cena" acontece dos três aos seis anos, carregada de medos e atracções. Mobiliza comportamentos (meter-se na cama entre os pais será uma forma de evitar esse coito, ou, quiçá, de nele participar) e promove auto-reconhecimentos identificatórios ao papel de cada um, na constelação familiar. Trata-se certamente dum "fantasma originário", característico da espécie humana, tal como outros o serão (sedução parental, castração, Complexo de Édipo), sempre transmitidos dos pais aos filhos, mesmo pelos cheios de reservas em o admitir.

A SEXUALIDADE INFANTIL... NO ADULTO

A relação que alguém estabelece com outra pessoa, na sexualidade propriamente dita ou na relação em geral, assume aspectos predominantemente adultos ou infantis, segundo a forma e a prevalência com que o indivíduo se vinculou ao seu período inicial. Restos significativos do passado infantil estão sempre presentes na relação adulta, muitas vezes de forma dominante, em grau maior ou menor.

A relação adulta assume mesmo uma caracterização infantil quando, para além dos jogos de comportamentos e maneiras, o sujeito funciona num excesso de dependência relativamente à outra parte. Quando tem medo acentuado de a perder e tenta por isso controlá-la todo o tempo, em todos os sentidos. Quando não pode viver ou sobreviver sem ela, quando receia aniquilar-se se a perder. Quando a escraviza, para não ser abandonado. A outra parte não será amada em si mesma, na pessoa tal como ela é: quase não contam as suas necessidades, desejos ou características. Será vivida e amada apenas como suporte do próprio, num processo ávido de alimentação reparadora, não como se fosse outra pessoa. Constituirá apenas um municiador de reasseguramentos que, mesmo incessantemente repetidos, só em breves soluços revelam eficácia na compensação. Agentes duma necessidade ou dum serviço, os objectos afectivos dessa circunstância prestam-se contra medos e abandonos, contra perdas ou desintegrações, tal como a mãe se lhes prestou no relacionamento infantil. Não passam de fantasmas objectivados, utilizados contra fantasmas residentes, interiorizados desde a infância.

Outra característica deste tipo de relação é a constante necessidade de projecção no parceiro(a). O outro será inconscientemente deformado, será sentido e encarado apenas como o sujeito pensa ou deseja que seja. Oblitera-se a sua verdadeira identidade. Toda a realidade pessoal da outra parte, na sexualidade ou noutras áreas sensíveis, a parte que difere marcadamente do imaginário do adulto pregenital (infantil) se nega dessa maneira. Perturba-se constantemente a relação em caprichos e exigências, com ataques de grau variável na intensidade e na visibilidade.

Numa relação genital adulta não existe esta excessiva dependência nem esta marcação projectiva. As necessidades e fantasias de domínio e controlo serão muito menores. O sujeito sexualmente amadurecido não tem o pavor de perder o objecto relacional, nem de se perder ele próprio (desintegrar), num mal entendido potencial. A relação conjunta será muito menos distorcida pela projecção. A independência e individualidade de cada um ramificam-se em percursos sólidos e contemporizadores. Vive-se longe do absolutismo de quem domina para reassegurar a sua própria existência como pessoa. A sexualidade infantil, as suas ansiedades compulsivas, os seus fantasmas, estão muito menos presentes, por terem tido oportunidade, na altura certa, de se elaborarem e desenvolverem. A árvore cresceu suficientemente, as ervas daninhas pouco complicaram.

Queremos com isto acentuar que a estrutura psíquica organizada da sexualidade infantil, matriz do comportamento sexual do adulto, se instala sobre a forma de representação operante e se exterioriza todo o tempo, mesmo quando aparentemente não se mostra. Dito doutra maneira: as relações entre as pessoas são a exteriorização obrigatória dos elementos que cada um tem dentro de si desde esses estádios infantis. Há um mundo interno, formatado nessa altura, que gere os contornos do pensamento e do comportamento. Sobretudo neste domínio da sexualidade, que tem carácter muito pouco susceptível de mudança ou de opção. Esse mundo interno é a inscrição íntima da relação da criança com os pais, conseguida de forma melhor ou pior, com a sexualidade característica da espécie mais ou menos distorcida pelo movimento dos afectos e das ansiedades.

A realidade objectiva do adulto sobressalta-se e sobrecarrega-se nessas alegrias e deformações.

DIFERENÇAS ENTRE SEXUALIDADE INFANTIL E ADULTA

A compreensão íntima das diferentes fases evolutivas da psicossexualidade e da sua estrutura salienta os seus dinamismos psicológicos. Salienta os processos de fixação e regressão, que, na teoria psicanalítica, juntamente com as angústias, são peças fundamentais dos seus motores. Processos sempre presentes, sempre em acção, quer no funcionamento ajustado, quer nas soluções resultantes de conflitos, quer nas variantes patológicas da sexualidade sobre que não vamos agora falar.

Analisando algumas diferenças entre a sexualidade adulta e sexualidade infantil, a primeira e mais básica ressalta da condição íntima do funcionamento dos intervenientes. A criança, na sua realidade, funciona livremente com o corpo e com o prazer que dele retira. Funciona assim até que inibições e constrangimentos o impeçam. Só a partir de determinada altura, face aos inevitáveis conflitos e fantasmas postos em marcha no desenvolvimento, alguns comuns a toda a gente e característicos da espécie, a criança inicia essas limitações. No adulto existirão sempre limitações, daí decorrentes, maiores ou menores. Criam-se códigos, inicialmente pessoais, depois sociais. Sem conflitos, nunca haveria códigos nem necessidades. Também não haveria desejo.

Na criança, a procura aberta do prazer do corpo como finalidade em si, não será portanto acompanhada de qualquer tipo de repressão interna. Não há culpa nem limite, não há impossibilidade de exercício ou de escolha: seja nas manifestações auto-eróticas, seja nas que envolvam o corpo dos outros (sobretudo da mãe, obviamente). Paradoxalmente, será da mãe que partem, mesmo sem que ela note, forças inibidoras e limitativas dessa espontaneidade na procura. Da mesma mãe que, em descuido alegre, se por um lado aceita o papel de pronto socorro vital e funciona como bombeiro voluntário, por outro não pode deixar de ser como é ou de estar à sua maneira na satisfação das necessidades da criança. Mãe que, sendo sempre incompleta nessa satisfação por mais que o deseje, frustrante por isso, ao mesmo tempo se torna objecto incendiário da sexualidade pela proximidade e contacto físico que proporciona. O que não será pacífico muitas vezes, em muitas mães. Sempre se estabelecem "diques" como dizia Freud, neste trajecto: inibição, pudor, repugnância, dor ... relativos à sexualidade interiorizada dessa relação.

Acrescentamos com algum sentido de humor que, pior do que ser incendiária e objecto constante do assédio sexual do filho, será a mãe ter medo de o ser. Será a mãe que funcione sobre o filho à maneira dos adultos, como se ele fosse adulto, e que por essa via acrescente factores inibitórios aos já de si inevitáveis. Perder espontaneidade (autenticidade) ao abrigo de medos e regras, ao abrigo de censuras e preconceitos, por leituras e sabedorias doutros que achariam melhor ser diferente, será sempre um processo gerador de inseguranças, além de não resolver coisa nenhuma. Só gera inseguranças na criança e sinaliza inseguranças da fonte donde provém.

Referimos esta postura considerando a sua frequência, no sentido de fazer reflectir sobre esse tipo de solução educativa muito procurada. Verificámo-la, de forma muito evidente, em pessoas que apelidamos de "mães geométricas" ou "mães científicas", que na tentativa de resolverem a sua própria ansiedade pessoal se tornam "quimicamente" puras na relação com os filhos. Estudaram tudo o que havia nos livros de Psicologia, sabem muitíssimo sobre a forma de educar. Papagueiam inúmeras condutas aplicáveis na educação da sexualidade, condutas obviamente muito melhores do que as das "mães horrorosas" que sempre dizem que tiveram, para que conste. Condutas muito melhores também do que as daquelas colegas venenosas, semi-analfabetas, que só usam língua de trapos, ou de coisa pior, na Sala dos Professores. Mães que, apesar disso (ou por causa disso) continuam ansiosas, cientificamente ansiosas, em atitude de contágio para as crianças mais do que provável.

Nestas situações, a ciência sexual pode transformar-se em arma de arremesso pelas condutas e racionalizações que proporciona. De arremesso para as rivais e para os filhos. Tiram conclusões práticas demasiado sôfregas e lineares dos livros, do Woddy Allen, do Júlio Machado Vaz, ou eventualmente até deste modesto artigo, numa insegurança que não traduz mais do que deficiente aceitação do seu próprio corpo sexuado. Que traduz limitações por vezes pavorosas da sua própria condição global de pessoa, ou da natural componente incendiária do seu papel. E chamam a isso educação sexual!

Queremos com isto dizer que, tudo o que se vê, ouve ou lê, a propósito da relação mãe-filho e da sexualidade interveniente, serve para conhecer, admirar, eventualmente para saborear. Mas nunca servirá para erigir-se em sebenta académica, racional e prática, em quem receia ser examinada sobre a matéria. Senão ... o filho é que paga. Servirá para ter informação, para informar, para obter esclarecimentos, não para formar. Na sexualidade e na relação em geral, saber demais ás vezes é pior do que ignorar, nomeadamente se esse saber tiver sido procurado em atitude defensiva ou compensatória das dificuldades de expressão da intimidade. Nós sabemos que isso não se resolve dessa maneira.

MAIS DIFERENÇAS

Inicialmente não existe uma relação estabelecida entre a pulsão sexual inata e o objecto sexual. São coisas diferentes, separadas à partida na criança. Embora no adulto apareçam soldadas uma na outra e por isso haja tendência a supor que se iniciaram desse modo. A verdade é que a pulsão sexual é inicialmente independente do objecto: procura o objecto, interliga-se com ele, mas não nasce com ele. Forma-o, forma-se no encontro infantil, através do que dá e o que recebe, do que projecta e introjecta, da relação afectiva que com ele estabelece.

Outra diferença fundamental entre a sexualidade infantil e a sexualidade adulta consta de que a excitação na criança, mesmo a mais intensa, não se localiza forçosamente nos órgãos genitais. Localiza-se também noutras áreas do corpo, por isso designadas como zonas erógenas. Zonas que no adulto, quando já se tiver sido obtida a primazia da zona genital, continuam a desempenhar importante papel na sexualidade, por referenciarem e preferentemente localizarem os chamados prazeres preliminares.

Outra diferença importante reside no seu alcance final. Na sexualidade infantil não existe uma separação nítida entre excitação e satisfação. Não existe um terminar em pico e relaxamento, como no adulto. Mesmo que se verifiquem fenómenos limitadamente similares ao orgasmo, ou seja, sensações de tensão e prazer seguidas duma passividade satisfeita, a dimensão será sempre diferente: não há coito nem desejo de penetrar ou ser penetrado, como objectivo em si. Trata-se ainda de satisfações parciais, relativas a "pulsões parciais", até que os genitais biológicamente se desenvolvam e passem a funcionar como aparelho central de excitação e prazer, a partir da puberdade. No percurso do desenvolvimento, as pulsões parciais vão congregar-se num conjunto e preparar a constelação final, onde a excitação é mais intensa do que a soma das partes separadamente consideradas. Será então o patamar final atingido, será a sexualidade adulta organizada.

A genitalidade estabelece-se nessa altura de forma prevalente e dominante, com suficiente orientação e confluência dos aspectos parciais nesse sentido. O orgasmo torna-se uma instituição, repetidamente procurada, vivida em desejo e partilha.

*
* *

Chegados a este ponto, pedimos desculpa ás esforçadas mães científicas que até agora nos acompanharam: agradecíamos que não continuassem. A leitura do que se segue só lhes pode acrescentar ciência, só as poderá portanto prejudicar. Recordamos-lhes um indecente aforismo brasileiro: "– sexo não é para saber, só foi feito para usar –" sugerindo que o digam a si mesmas baixinho, com a graça do sotaque. Dizemos isto, obviamente, com todo o respeito, na certeza de que os filhos agradecerão.

Prossigamos como as outras... feitas as despedidas...

O ASSÉDIO SEXUAL DA CRIANÇA...
FASES (ESTÁDIOS) DO DESENVOLVIMENTO

A sexualidade infantil, potencial à nascença (líbido), desenvolve-se segundo três características:

• Apoia-se sobre uma função fisiológica (mamada, defecação, micção) localizada numa zona do corpo cuja excitação repetida provoca o prazer que caracteriza as chamadas zonas erógenas.

• É auto-erótica no início, ou seja, não têm objecto exterior sexual definido. A definição e escolha do objecto relacional vai acontecer durante o seu processo maturativo.

• A sua forma de expressão é determinada pelo tipo de actividade da zona erógena em questão.

As zonas erógenas são regiões da pele ou mucosas que produzem uma sensação de prazer, quando estimuladas duma certa maneira. São o corpo: são zonas priviligeadas do corpo quanto à sexualidade, embora ela exista na sua totalidade. Há zonas electivas (boca, ânus, órgãos sexuais) que definem as fases em que habitualmente se reparte o trajecto dessa sexualidade infantil, apesar de toda a epiderme possuir um certo grau de erogeneidade e seja utilizada pela criança e pelo adulto para esse fim. Nas zonas erógenas, a estimulação no acto fisiológico a que estão destinadas, cria um estado de tensão: cria um estado de necessidade, já independente da função inicial. Estado que "exige" repetição, como retorno do prazer obtido na satisfação anterior. Por exemplo, a sucção fora da mamada busca a repetição do prazer que nela se obteve, sem a necessidade alimentar que inicialmente o despertou. E donde partiu. É o prazer auto-erótico, instituído por reprodução da satisfação experimentada no processo inicial de sobrevivência. Experimentado através da fisiologia natural, repetido depois.

No período pregenital, consideram-se várias fases ou estádios de desenvolvimento, que ao serem descritivamente separadas se artificializam um pouco, dado todas elas no fundo se interpenetrarem até certo ponto. É no entanto fácil de observar a predominância temporal de cada uma delas e sua sucessão evolutiva na sexualidade infantil. Distinguem-se várias fases: oral, anal, fálica e genital (Complexo de Édipo, que se atinge por volta dos quatro/cinco anos de idade) .

Segue-se-lhes um período de apagamento quanto á abundância de fenómenos da sexualidade observáveis: é o período de latência ... assim designado porque vai até à puberdade. A genitalidade adulta, tornada possível pelo desenvolvimento biológico concomitante, alcança-se nesse altura.

O que caracteriza estes estádios é um certo modo de organização da sexualidade e o conjunto das movimentações psicológicas que em cada um deles decorre. Cada um assume formas características de relação, altamente formativas do texto mental e do funcionamento geral de cada um. Cada estádio deriva daquela zona erógena mas será sempre também um patamar estrutural do psiquismo e do carácter. Compreende a estimulação da zona, acrescentada da particular forma relacional que nesse acto com o outro se estabelece.

O quadro que apresentamos procura ser elucidativo, ordenadamente.

FASE ORAL

É o primeiro estádio da organização da líbido. A relação com a mãe e a sua interiorização fazem-se através das experiências de satisfação e prazer obtidas nas necessidades e nas manobras da nutrição. A boca é zona privilegiada desse contacto, como vai ser do mesmo modo no futuro, em todo o contacto erótico. É através da mamada que o bebé, mobilizado pelas necessidades biológicas, concretiza movimentos de realização e acalmia. Enquanto se envolve, ao mesmo tempo, numa troca afectiva com a mãe, de que a nutrição foi o motor e o interesse. O sussurro da mãe, o calor, a carícia, o deslizar pele a pele, são componentes desse partilha, que fortemente se inscreve para o futuro.

O prazer oral surge independente da nutrição, por isolamento dessa excitação nos lábios e na cavidade bucal. É a sucção. Será a satisfação alimentar sem alimento, embalada no eco emocional que a envolveu. Para além da satisfação real das necessidades biológicas, este movimento estabelece e organiza uma forma essencial de relação afectiva. Cada indivíduo tê-la-á sempre, como procura e como forma de dependência, em grau maior ou menor. Em circunstâncias normais, a certeza por parte do filho da disponibilidade da mãe para esse efeito, constituirá elemento fundamental dos alicerces da sua própria segurança. Sê-lo-á igualmente da sua auto-estima e da sua capacidade de amar. Ele "sabe" que ela, a mãe, está com ele nesse movimento: estará muito, pouco ou nada interessada ... mas estará sempre, na realidade ou na representação.

O adulto futuro amará em grande parte segundo a forma como foi amado (alimentado na sua necessidade de amor) nessa altura. É na boca que tudo começa, como diz a linguagem popular.

A boca é uma zona erógena, cujo destino quantitativo na sexualidade do adulto vai depender, tal como nas outras, do grau de fixação estabelecido nessa fase. Há inúmeras fantasias e manifestações de oralidade em toda a gente, num leque alargado de formas de excitação e satisfação. A boca participa enormemente na modelagem da psicossexualidade e na construção da estrutura da personalidade.

Muitas perturbações do adulto têm como ponto basilar um movimento de regressão a este estádio oral. Manifestam sintomas e processos-componentes visivelmente dele transportados. Depressões, dependências (de pessoas, circunstâncias, objectos, que de forma real ou simbólica representem figuras maternais) desvios alimentares, incorporações compulsivas, introjecções, uso fantasmático do binómio comer-ser-comido, aspectos sádicos da oralidade (mordedura, voracidade, sofreguidão, destruição do objecto) ambivalências orais, etc., encaminham-se todas nessa direcção.

Um bom exemplo de patologia profundamente ligado à oralidade (carácter oral) é a toxicodependência. Trata-se quase sempre de indivíduos muito dependentes da figura maternal, que toleram muito mal a frustração e a separação. Afogam as angústias de separação e abandono na ingestão (incorporação) de algo que os repare simbolicamente, algo que lhes substitua essa figura precoce (inconsciente) de quem dependem. Por carência de afecto e fragilidade da auto-estima, por dependência oral, envolvem-se em dependências doutro tipo. Para eles, cada relação, cada pessoa, cada procura, é um alimento repetidamente desejado mas nunca satisfatório: tal como a droga onde se meteram. Vivem numa sofreguidão e voracidade à espera do leite materno que nunca chega: ou que quando chega nunca será suficiente. Tal como viveram na fase oral a sua relação com a mãe, donde nunca saíram capazmente.

FASE SÁDICO – ANAL

Acontece entre dois e os quatro anos, intercalada entre as fases oral e fálica. A zona erógena anal torna-se transitoriamente prevalente. O tipo de relação com a mãe que ela proporciona, compõe o tom da organização da líbido nesta fase. E estrutura um específico tipo de carácter.

A criança, para além do prazer provocado pelo estímulo da mucosa anal que a defecação acarreta, inicia nesta fase o conhecimento de algo diferente. Algo pessoal, separável de si, algo que ao mesmo tempo pode dar ou reter. São as fezes, com todas as suas variantes e movimentos, com todos os seus caprichos e emoções, positivas ou negativas, que através delas e do uso que se lhes dá podem trazer proximidade ou afastamento da mãe. Na relação com ela, a criança utiliza o seu produto, o primeiro produto sentido como realmente seu, fazendo dele moeda de troca. Utiliza-o como presente que se dá ou não dá, sustentado em afirmação ou teimosia, que propicia obediência ou rejeição.

A retenção fornece estimulação intensa da mucosa e aumenta a sensação de prazer. Proporciona também o início da possibilidade de controlar o corpo (esfincter anal), de se controlar a si próprio, de controlar os outros. Por essa via os controla de facto, obedecendo ou opondo-se ás determinações (horários, limpezas, etc.) por eles estabelecidos. As fezes adquirem por isso um valor simbólico essencial, ligado a sentimentos de poder ou de destruição. Enquadram-se e dão significado progressivo a uma agressividade vivida com prazer (sadismo) e a uma ambivalência característica na relação com a mãe, mais tarde transferida para a relação com os outros. Organizam-se nesta fase alguns elementos psicológicos que se tornam pares fundamentais: binómios de actividade/passividade, retenção/expulsão, dar/receber, teimar/obedecer ... os quais conferem argumentos seguros ao futuro carácter dos indivíduos e aos fundamentos estruturais de certas perturbações (neurose obsessiva, por exemplo).

Obstinação, domínio, ordem, limpeza ... representam sentimentos organizados no controlo activo do outro, com satisfação//insatisfação engendrada nesta fase. Os seus opostos ambivalentes (passividade, anarquia, sujidade) formam com eles um conjunto indissolúvel, fazendo-se acompanhar de sentimentos e vivências emocionais tão coexistentes como as duas faces duma moeda. Uma dessas faces torna-se inconsciente. O adulto apenas quer mostrar, a si e aos outros, a face conveniente, a face voltada para cima, embora a outra (a zona suja), exista permanentemente e se encontre sempre em risco de emergir. A teimosia, tão característica desta fase na criança e da personalidade do adulto a ela fixado, não é mais do que resultado dum esforço permanente organizado no subsolo pessoal. Não será mais do que uma tentativa de controlo e domínio dos outros, dizendo sempre que não.

O teimoso, pior ainda se não tiver dúvidas (como muitos haverá), tem uma insegurança profunda e uma necessidade concomitante de auto-convencimento da sua virtude pessoal. Virtude ainda acrescida, por norma, pela necessidade íntima de a apregoar, inconscientemente exibindo o seu controlo sobre a face suja. Porque ele sabe ou vislumbra que esse face suja existe dentro de si, mais do que noutro qualquer, e que está sempre em risco de "falar". Ele sabe que um dia ela se mostrará, por isso teima, teima, adiando-lhe a possibilidade. Auto-convence-se disso, procurando convencer os outros.

FASE GENITAL INFANTIL (FÁLICA)

Situado entre os três e cinco anos, é a fase onde a psicossexualidade atinge a zona genital. Atinge-se o primado da zona genital, embora os respectivos órgãos só atinjam a maturidade biológica muito mais tarde, na puberdade. Os investimentos, manifestações e fantasias, centram-se então nos órgãos sexuais, nos rapazes e nas raparigas. Ambos têm já nesta altura conhecimento seguro da existência de dois sexos diferentes. E têm também a curiosidade primordial, rapidamente desperta e accionada, de saber o que o pai e a mãe farão com essas pequenas diferenças. Fantasias e desejos assentam definitivamente num mundo triangular, a partir desta altura. Um mundo de três: eu, pai e mãe ... com a enorme soma de emoções, vicissitudes, contradicções e ansiedades que o Complexo de Édipo desencadeado vai assumir.

Positivo/negativo, masculino/feminino, activo/passivo, penetrar/ser penetrado, angústia/felicidade, proximidade/separação, prazer/desprazer, vida/morte, desenrolam-se nos fantasmas desta fase.

Só a partir da puberdade se pode concretizar o desejo sexual, que nesta altura existe apenas como obra do pensamento ou da emoção. A mediatização desta impossibilidade gera uma discrepância vital, uma enorme encruzilhada no percurso. Idealiza e adia. Decide a caracterização individual, a diferenciação do Ego, a organização da possibilidade mental de perspectivar, a reformulação do desejo, a humanização. É a socialização que se estabelece nessa mediatização inevitável, organizando a impossibilidade do não concluído. O que acaba por ser altamente operativo e fundamental, no tempo interno. Os sentimentos de futuro e os sentimentos de regresso, apenas serão harmonizáveis com o presente se a elaboração dessa situação edipiana se tiver desenrolado capazmente. Também por isso, a sexualidade no seu plano mais fundo, nunca traz impressa uma marca segura de realização completa. O provisório será sempre uma potencialidade inconsciente, gravada nesta mediatização definitória da espécie humana.

Nesta fase desenrolam-se alicerces decisivos quanto à futura identidade, quanto à escolha do objecto sexual, quanto à forma objectiva de completude sexual, quanto á resolução das angústias mais ou menos acentuadas, com tudo o que isso comporta.

O Complexo de Édipo, decorrente da triangulação que a criança obrigatoriamente teve de fazer para se definir ou identificar com o sexo biológico de que é portadora, consiste afinal numa afirmação por um lado e numa exclusão por outro. A criança verifica a impossibilidade de ter os dois sexos, ao mesmo tempo:

de ser o pai e de ser a mãe, ao mesmo tempo. Torna-se obrigatório escolher, dentro daquele intenso mundo de possibilidades e impossibilidades. A identidade de género vai definitivamente instalar-se nessa altura. O jogo de desejos amorosos e agressivos, que já vinha delineado das fases anteriores, intensifica-se.

O simbolismo contido na tragédia grega de Édipo-Rei desenha-se num carácter prevalente e universal. Trata-se dum fantasma originário, filogeneticamente transmitido, característico da espécie, modelado individualmente. Traduz a forma como se viveu, ultrapassou e recalcou essa especial vivência triangular com o pai e com a mãe. Como ela se elaborou. A relação inicial mãe/filho complicou-se definitivamente pela introdução do terceiro elemento (pai). Este "recém-chegado" ainda por cima, supostamente, tem intimidades com ela. Tem poderes exercidos de a retirar da criança, dormem juntos, separam-se, ausentam-se: será preciso lutar, na defesa dos direitos adquiridos. O desejo de morte do rival do mesmo sexo, na disputa do objecto amoroso, o medo da retaliação, constituem intensíssimas fantasias que deixam restos enquanto houver sexo em cada um. Na teoria e na prática. Na presença e na ausência. Até à morte.

Em grau mais ou menos visível, o conflito instala-se. Impõe-se então uma elaboração mental, de tal forma necessária e poderosa, que acaba por constituir a pedra básica e a fronteira, entre as leis da natureza e as leis da cultura que modelam essa mesma natureza. As leis naturais, da vida e da morte, da ligação e da separação, do amor e da raiva, do ciúme e da convivência, numa zona profunda do psiquismo associam-se ou decorrem das "leis sexuais", provenientes deste inevitável conflito edipiano. Aliás, será a elaboração desse conflito, mais ou menos conseguida, que separa o homem da série animal que o precede. Que lhe confere o código psicológico interno, formatado por dentro, estabelecido muito antes dos códigos morais, religiosos, sociais ou jurídicos lhe terem sido contemplados.

Estes, na sua enorme importância cultural, acrescentam tonalidade, regulamento, cor, local e desempenho, mas fazem-no a uma instância já previamente formalizada no código da sexualidade infantil. Designa-se habitualmente por Superego essa instância, que não tem qualquer proximidade ou similitude com saber ler ou escrever. Foram os três ou quatro anos de prematuridade e de luta, foram as necessidades de sobrevivência vividas num especialíssimo clima relacional, que alicerçaram o Édipo e o código superegóico resultante. Sem esses anos afinal, sem a prematuridade do nascimento, nem sequer haveria cultura. Nem sequer haveria estes seres humanos tão curiosos.

É muito interessante retirar esta conclusão. O Complexo de Édipo, a disputa triangular com o pai, com a mãe, as suas consequências, só puderam celebrar-se porque houve intensa relação amorosa entre a mãe e o filho, durante o desenvolvimento que o antecedeu. Sem isso não haveria razão para rivalizar com o pai: não haveria código interno nenhum, nem qualquer razão reflectida (cultura) que justificasse a esquisita existência de códigos externos. A psicossexualidade será portanto a fonte priviligeada da cultura, todos os adultos dados ao pensamento o saberão. Embora lhes seja preciso muitas vezes lembrar.

Nesta luta que o Édipo supõe, a afirmação de poder fálico desempenha papel significativo. Para crescer e definir-se, naquela situação de conflito e dúvida, será necessário afirmar. Será necessário optar e exibir essa afirmação. O pénis representa para o rapaz um excelente meio de o fazer; por isso rapidamente nele simboliza esse poder fálico, até porque tem sempre medo de o perder, na realidade ou na fantasia. Na rapariga a afirmação fálica encena-se do mesmo modo, na mesma intensidade. Mas toma formas mais difusas, menos exuberantes: mais diferidas no tempo, com diferente dramatização. Os órgãos sexuais femininos são fisicamente muito menos expostos.

Os pares de opostos das pulsões parciais da sexualidade (exibicionismo-voyeurismo, sado-masoquismo) sempre presentes também nesta fase, em grau maior ou menor, concretizam-se no adulto através desses símbolos fálicos. Tomam dimensões e práticas significativas no rescaldo dessas situações, nomeadamente quando houver insuficiente elaboração. Todas as perversões, que daí decorrem, são sobretudo recapitulações fálicas simbolizadas.

Esta fase será portanto uma referência maior e decisiva na definição do sujeito, quanto à identidade global e quanto à saúde mental do futuro. As suas enormes complexidades circulam como peça fundamental da vivência histórica da criança, embrulhando-se todas na postura de socialização que se aproxima. A criança entra com esse seu património pessoal no chamado período de latência, pelos cinco ou seis anos, até chegar à puberdade.

O declínio e o recalcamento obrigatório do Complexo de Édipo proporcionam tabus e proibições de incesto. Trazem caminhos de consciência moral e idealização, que marcam o início desse período da latência.

COMENTÁRIO FINAL

Por tudo isto, falar de "educação sexual" na Escola será falar dum assunto nem sempre bem definido. Será obviamente inegável a importância e o significado da informação sexual esclarecida, da sua claridade, da sua desdramatização cultural. Mas convirá igualmente não confundir objectivos. Ninguém educa ninguém sobre a sexualidade, mesmo informando o melhor possível sobre a sua fisiologia, as suas maneiras, os seus pragmatismos científicos. A única e verdadeira "educação sexual" acontece na infância, intrinsecamente, nunca mencionada como tal, na troca afectiva entre os intervenientes na relação.

Apetece voltar a lembrar que nunca ninguém ensinou sexualidades aos animais nem às plantas. Apesar disso, fazem-no correctamente. Não pensam nisso, tanto quanto sabemos: também nunca ninguém os contrariou. Isto quererá dizer que nunca conheceram pai nem mãe. Que "felizmente", para esse efeito, são órfãos e naturais.

Devemos convir no entanto que devem ter menos requinte em tudo isto: falta-lhes o tempo de mediatização, falta-lhes qualidade ... também pelas razões que atrás referimos.

*
* *

Desarmada à nascença, a criança vai ser armada cavaleiro(a): a mãe arranjará o terreno, o pai transportará a espada ... e todos se trocarão afectivamente, na certeza de que a natureza não se engana.

Mas será indispensável uma presença participada de todos, nessa função. Será indispensável também que os intervenientes estejam a gosto e compreendam, que o seu efeito não se mede no imediato, nem no tempo dos ponteiros do relógio: o seu efeito será eterno ... até à morte do interessado(a).

SEXUALIDADE INFANTIL E TRANSFORMAÇÕES DA PUBERDADE
(Segundo Freud e continuadores)

Organização da Líbido Impulsos Parciais		Zonas Erógenas	Actividades Autoreóticas		Relação de Objecto
PERÍODO PREGENITAL	Fase oral 0-1 ano	Mucosa bucal	Chuchar no dedo Mamar na língua Chupeta Masturbação do lactente		– Forma elementar de identificação (incorporação) – Relação de objecto parcial
	Fase anal (sádico-anal) 1-3 anos	Mucosa rectal Mucosa anal	Retenção de fezes Masturbação anal	Sadismo	– Relação sádico-anal (actividade-passividade) – Ambivalência
	Fase fálica 3-5 anos	Órgãos genitais	Masturbação infantil Enurese nocturna	Exibicionismo Voyeurismo	– Identificação sexual – Escolha do objecto sexual – Complexo de Édipo (complexo de castração)
PERÍODO DE LATÊNCIA	Acalmia dos impulsos sexuais Reforço do processo de identificação (factores sócio-culturais) Sentimentos de ternura, veneração e respeito				Dessexualização da relação de objecto
PUBERDADE	Fase genital	Reactivação da excitabilidade das zonas erógenas com primazia genital	– Masturbação – Prazer terminal (orgástico) com primazia sobre o prazer preliminar	Fantasias masturbatórias sádico-anais	– Fantasias masturbatórias edipianas – Reactivação do Complexo de Édipo – Escolha do objecto sexual amoroso – heterossexual – homossexual

IDENTIDADE SEXUAL [1]

IDENTIDADE

O TERMO IDENTIDADE tem sido utilizado e definido de diversas maneiras, tanto na Psicanálise como noutras acepções. No campo da Psicanálise é um conceito relativamente recente: não figura no índice de Fenichel nem no Vocabulário de Laplanche e Pontalis. Freud apenas o utilizou uma vez, já no fim da sua obra, sem lhe desenvolver o sentido ou o conceptualizar.

Mesmo dentro da literatura psicanalítica acaba por ser observado segundo diferentes ângulos, com diferentes significados conforme os autores, embora esteja sempre ligado aos movimentos de identificação.

Por exemplo:

Margaret Mahler (1968) designa-o como um processo ou como resultado dum processo finalizado na infância. A identidade seria já visível no fim da fase de separação-individualização, quando se organiza uma representação estável do próprio (Self). Consi-

---

[1] Conferência na Faculdade de Psicologia e Ciências da Educação do Porto em 26/5/1985. Publicado no "Jornal de Psicologia" n.º 7 (1988). Texto muito revisto em 2001.

dera que a constituição do indivíduo como identidade, como ser único e distinto, com estrutura psíquica organizada, acontecerá entre os dois e os quatro anos; e que o início da identidade sexual, entre os dezoito meses e os dois anos, corresponde à primeira conquista segura dessa individualidade.

Erik Erikson (1959) contrariamente, considera que só no fim da adolescência se completa a identidade ou o sentimento de identidade, como resultado do conjunto de processos de desenvolvimento até então realizados, os quais, embora iniciados na infância, serão substancialmente retomados e revistos nessa altura, adquirindo então a forma definitiva.

Duma maneira ou doutra, poderemos dizer que os processos de criação de identidade conduzirão simultaneamente:

- à formação de consciência de si (Self) como indivíduo único, separado em larga medida dos laços familiares;
- à formação da consciência de si como indivíduo sexualmente definido, que depende e se interliga com o anterior;
- à formação da capacidade de estabelecer relações objectais estáveis e de as estruturar (organizar) na relação com os outros, num certo local e num certo mundo, em função de escolhas profissionais, de estilos de vida ou doutros valores reconhecidos no estatuto social em que o próprio se movimenta.

Os trabalhos de E. Erikson têm grande impacto e divulgação, sendo pontos obrigatórios de referência sempre que se abordam estes problemas de identidade. Constituem a formulação mais correntemente utilizada.

SENTIMENTO DE IDENTIDADE ... PERTURBAÇÕES

No sentimento de identidade pessoal encontra-se fundamentalmente um sentido: a continuidade vinculativa do próprio com o seu passado, com o seu presente e com o seu futuro. Isto constituiu quase a definição de identidade, nesse plano individual. Esta continuidade, que poderá exprimir-se desta forma:

> "... faço igual ou diferente do que fiz há vinte anos, porque entretanto muita coisa mudou dentro e fora de mim, mas no fundo sinto que sou o mesmo, obrigatoriamente o mesmo..."

inscreve-se também no registo da sociedade envolvente e da cultura que a caracteriza. Cultura essa que inclui o próprio como seu elemento integrante e o faz não só reconhecer-se nela mas também ser por ela reconhecido, gerando deste modo, entre os dois, um mútuo compromisso. Mesmo que disso não haja muita consciência. Este compromisso comunicante com a cultura pode, no entanto, reactivamente, tomar a forma de não compromisso ou até de contra-compromisso. Ou tomar ainda a forma duma distanciação militante, acompanhada muitas vezes de aproximação dos que partilham o mesmo estado de espírito, num fenómeno de grupo. Mas todos estes movimentos acontecerão sem que o compromisso inicial se desfaça: apenas a ele se reage, sem o quebrar ... o que mostra a sua força considerável, a sua independência difícil.

O adulto funciona com a sua identidade pessoal nessa identidade sociocultural. Funciona de forma definida e adaptada, integrando-se em princípio sem fazer sintomas, sem angústias significativas, desde que esteja organizado por forma suficientemente robustecida nos seus vários planos interiores. Este funcionamento edifica-se ao longo dos tempos, sedimenta-se, eventualmente fragiliza-se.

Neste aspecto social, o sentimento de identidade conjuga a continuidade do próprio com o seu passado e liga-o com o presente, mas liga-o também com a história da sociedade em que vive, à qual está sensivelmente fixado, como dizíamos. O adulto tem uma certa imagem de si (auto-imagem), representada perante os seus próprios olhos. Mas tem-na também perante os olhos dos que o rodeiam no seu meio sociocultural e que lha devolvem constantemente, meio esse que não pode deixar de ter uma história e uma tradição. O indivíduo saudável fará parte dessa história e participa nessa tradição, permanecendo no entanto obrigatoriamente idêntico a si mesmo, apesar das alterações que porventura acontecerem. Estará dessa forma quer no desenvolvimento social quer no seu mal estar, seja ele processado em caminho lento ou acelerado. Estará inserido (integrado) assim, dentro de si mesmo e dentro do contexto que o cerca, avalia e julga. Perante o qual se modela e se posiciona, na forma que lhe for possível e peculiar.

*
* *

Todos os processos, estruturas e posicionamentos relativos ao sentimento de identidade pessoal sofrem, ou podem sofrer, angústias e dificuldades várias, ao longo do seu trajecto, de grau maior ou menor. Contra as quais o indivíduo monta as defesas julgadas mais eficazes naquele momento. Tudo isso porque os sistemas, interno e externo, são permanentemente conflituais, ambivalentes e susceptíveis de dor. São-no a todo o momento: no passado que permanece actuante, no presente a que não se pode fugir, no futuro que angustia. O equilíbrio será sempre potencialmente instável, mesmo o aparentemente montado na forma mais rigorosa.

Daí que, com o balanço da instabilidade externa e com a sua mutação constante, com tudo o que isso acarreta de insegurança e dificuldades nas trocas afectivas, seja hoje extremamente vulgar uma patologia da identidade, na maioria dos casos muito mais insidiosa e larvar do que manifesta.

Patologia que se observa nesta bastante divulgada expressão de vazio, incompletude, insatisfação de si, incomunicação com os outros:

"não sei quem sou... não sei o que ando aqui a fazer"

alicerçada numa falta de confiança ou numa exibição compensatória de super-confiança em si, que supõe sempre uma marcada fragilidade narcísica. Revela-se numa falta de autenticidade, incompetência no amor próprio, insatisfação na relação com os outros, dependência ou superindependência arrogante, indefinição sexual, incapacidade de usufruir prazer em sentido geral, tudo inscrito num conjunto de grande vulnerabilidade.

Na sequência, organizam-se muitas vezes comportamentos reactivos, caracterizados pela busca incessante duma satisfação fugidia, repetitiva, sempre falhada ou incompleta.

Trata-se de indivíduos dificilmente enquadráveis na nosografia psiquiátrica clássica. Dão por vezes a impressão de deprimidos, mas não o são verdadeiramente. São sobretudo vagos, procurando esconder essa lacuna a si e aos outros. Procuram preencher-se por todas as formas possíveis, vivendo-se sob a forma de desamparados e incompreendidos. São vagamente ansiosos, vagamente deprimidos, vagamente homens, vagamente mulheres, ou vagamente as duas coisas ao mesmo tempo, não sendo afinal coisa nenhuma. Procedem internamente como se fossem homens ou como se fossem mulheres, mas sempre apenas "como se fossem", numa imitação instituida, interiormente necessária, embora muitas vezes não muito manifesta externamente. Foram construídos e construíram-se em "pseudo", possuem um pseudo-Self na linguagem psicanalítica.

Há também patologias da identidade menos vagas, mais caracterizáveis, que podem ir desde uma carapaça rigidamente defensiva, montada caracterialmente e dando a impressão de solidez, até uma difusão grave dessa mesma identidade, que acontecerá por exemplo nos sindromas de despersonalização e desrealização. O mesmo tipo de problemas poderá acontecer em certas formas de hipocondrias, toxicodependências, psicoses. Poderá até dizer-se que os problemas de identidade acontecem em toda a psicopatologia, embora nos casos atrás referidos o núcleo da questão se encontre mais centrado nesse sentimento de si próprio, manifestado por vezes em crises.

A adolescência, diga-se de passagem, será sempre uma crise de identidade, embora seja uma crise normativa e portanto diferente. Normativa porque estruturante e indispensável, sem deixar de ser crise.

OS VÍNCULOS DA IDENTIDADE

O sentimento de identidade adquire-se de forma evolutiva e progressiva no desenvolvimento. Organiza-se internamente através da instalação de três tipos de vínculos: espacial, temporal e social.

O primeiro vínculo contempla a integração das várias partes do Self dispersas nas várias instâncias do aparelho psíquico. Refere-se sobretudo à organização do chamado Self corporal, salientando a existência duma coesão interna, de espaço e contornos bem definidos, a qual permitirá estabelecer contraste com os outros e com os objectos. Este vínculo, que tenderá portanto à diferenciação entre o Self e o não Self (eu e o outro), designa-se geralmente por vínculo de integração espacial.

O segundo vínculo assinala a integração e coesão entre as diversas representações ao longo do tempo (o tempo é "intemporal" no inconsciente), estabelecendo entre elas uma continuidade que constituirá um atributo indispensável para alicerçar o sentimento de si. Denomina-se vínculo de integração temporal. Este vínculo e o anterior são absolutamente indispensáveis á formação da identidade pessoal.

O terceiro vínculo supõe a existência dos anteriores e refere-se à integração social da identidade. Organiza-se na relação entre o Self e os objectos externos, move-se na sua interacção. Funciona através de mecanismos de identificação, projecção e identificação projectiva ou introjectiva. Será o vínculo da relação interpessoal, vivida nos dois sentidos: de dentro para fora e de fora para dentro.

*
* *

Salientando a importância deste vínculo social, lembramos que um sistema (um sistema ideológico ou um sistema político-social) que tente promover um desenvolvimento harmónico e se preocupe com a saúde mental dos indivíduos e das comunidades, terá obrigatoriamente de gerar condições que defendam ou assegurem essa parcela do sentimento de identidade em toda a gente. Sobretudo nas idades mais em risco: infância, adolescência, velhice. Terá obrigatoriamente de procurar garantir a aquisição, a manutenção e a sobrevivência deste movimento psicológico fundamental. Terá de propor um plano de vida em que este vínculo esteja assegurado pela certeza de pertencer a um grupo, pela certeza de ser portador duma continuidade, de ter futuro, de viver em companhia. Ainda que os integrantes e os ingredientes do grupo mudem e as pessoas se modifiquem nas suas características, isto deverá constituir inequivocamente um pressuposto. Só dessa forma a identidade individual, nos seus vários planos e nos seus vários vínculos, se manterá basicamente satisfeita no decorrer do tempo dos cidadãos.

Será aliás um vínculo sempre necessário, nas várias fases do desenvolvimento, apesar das vicissitudes que porventura lhe aconteçam. O indivíduo encontra-se mais idêntico a si próprio, mais completo e integrado, se sentir que as partes de si projectadas no grupo ou na sociedade a que pertence, são aceites, partilhadas e metabolizadas. Mas para isso será necessário que haja grupo e que haja projecto, o que equivale a dizer que será necessário saber onde está e para onde vai.

O futuro social ou, melhor dizendo, a ideia do futuro, actuará como porto de abrigo na garantia e salvaguarda dos sentimentos de identidade individuais. A sua ausência ou o seu sobressalto, tal como a sua desarmonia ou aceleração excessiva, serão factores patogénicos. Toda a gente tem necessidade dum ritmo interno silencioso, dum tempo adequado à elaboração mental, que, se não for cumprido, despersonaliza. E tem ao mesmo tempo necessidade dum sentimento de projecto.

"... Não sei o que ando aqui a fazer..."

dizem-nos os indivíduos com perturbações de identidade. São indivíduos agredidos, dessexualizados, mal vinculados socialmente, que se encaminham muitas vezes para toxicodependências, desvios, comportamentos anti-sociais, fantasmas de unissexualidade, suicídios ... pela ausência destruturante ou por incompletude deste vínculo.

Este vínculo social transporta o sentimento de pertencer ao grupo, mas transporta também a possibilidade de escolher não lhe pertencer. Propicia possibilidade de diferenciação e possibilidade de aceitar a diferença. No entanto, isto pode conter dois riscos: a diluição excessiva no grupo, que tornará o indivíduo difuso, sem limite de território e anónimo ... ou o retraimento excessivo, que promoverá uma espécie de rigidificação das características pessoais numa carapaça inviolável. Um e outro casos serão tentativas de ultrapassar uma identidade pessoal precária, permanentemente ameaçada pela sociedade ou pelo grupo, não partilhada com ninguém.

Como se obviarão estes dois riscos nesta faceta social da identidade? Como se evitará, por exemplo que o mundo seja considerado hostil pela juventude e que esta desenvolva frequentemente e organize atitudes paranóides ou depressivas, como funcionamento mental prioritário? Que organize um funcionamento caracterizado quase apenas por mecanismos de identificação ao agressor, seja ele real ou fantasmático?

Focando brevemente um aspecto entre muitos, lembraremos apenas que a chamada rebeldia de juventude representa, em si mesma, um sinal de alarme contra uma mãe continente potencialmente rígida (seja a mãe verdadeira ou a sociedade). E que contem sempre, de forma latente ou manifesta, um pedido de socorro. Por outro lado, contem sempre também uma saudável tendência reparadora, expressa na necessidade de destruir o velho e doente, para construir o novo e melhor. A não consideração destes dois pontos poderá proporcionar um vínculo social ainda mais desajustado, por parte de quem tenha o poder de o fazer, com rupturas que fomentarão novas perturbações.

Às vezes a rebeldia toma uma forma passiva, aparentemente não violenta. Opõe-se à guerra, protesta contra o puritanismo e a hipocrisia, advoga a demissão do estabelecido, vanguardiza a manutenção exclusiva da diferença. Sem dar por isso, nessa situação, está a dirigir a guerra contra si própria, porque a agressividade existe e constitui uma das facetas pulsionais inerentes à condição humana. Outras vezes acontece o contrário: fomenta uma organização activa e rígida da agressividade contra os outros, contra tudo o que for socialmente validado, considerando essa atitude a única forma possível de vida relacional.

Será benéfico lembrar também que, num e noutro desses casos, procuram ainda soluções para problemas básicos de identidade, nomeadamente de identidade sexual. E que o mesmo pedido de ajuda existe implícito nestas situações, indicando-nos o valor dos afectos e a verificação de que a sua presença ou ausência será sempre o animador fundamental dos vínculos que referimos.

Que fazem de facto, ou que consciência têm disso, os políticos e os agentes do desenvolvimento social, para que os indivíduos e as comunidades possam responder de forma saudável às perguntas:

- Quem sou eu?
- Que ando aqui a fazer?

Ou, sobretudo, para que as respostas não sejam orientadas para o hoje trivial:

- Não sei quem sou
- Não sei o que anda aqui a fazer.

IDENTIDADE SEXUAL

Mas, qual será a relação de tudo isto com a identidade sexual?

Uma depende da outra. A identidade sexual, ou a consciência de si como indivíduo sexualmente definido, representa o aspecto mais íntimo e profundo da identidade pessoal. Será mesmo o aspecto central da sua ordenação. A identidade sexual ou a definição sexual constituem o núcleo mais íntimo das perguntas que atrás referimos, perguntas que toda a gente faz ou um dia fez a si próprio.

Quem sou eu, sexualmente? Toda a gente alguma vez se interrogou. Quem tiver uma resposta satisfatória dificilmente sentirá necessidade de fazer a pergunta seguinte: que ando aqui a fazer? Mas, como se arranjarão internamente respostas satisfatórias?

*
* *

Repare-se que a primeira pergunta é a mesma que as crianças costumam fazer aos pais nos tempos agudos da sua curiosidade infantil. À qual os pais respondem como são, como sabem, como julgam saber. Respondem por norma seguindo as orientações em voga, com frases politicamente correctas, montadas num sistema projectivo, secundarizado quase sempre por reticências e confabulações.

A pergunta contem uma espécie de curiosidade primordial, posta em relevo na altura da verificação das diferenças sexuais, na altura da problemática masculino/ feminino. Por isso, qualquer que seja a resposta, a criança vai insistir, vai repetir, porque procura uma solução para algo sentido como enigmático, duvidoso, jamais concluído. Ninguém poderá fornecer respostas totalmente satisfatórias nem completas para essas interrogações, porque na criança existe já, dentro de si, um sentimento inicial de identidade que a leva, a ela própria, a tentar elaborar a "sua" resposta num processo contínuo. A tentar elaborar a sua resposta pessoal, com os dados que entretanto vai adquirindo. Será muito útil os pais saberem disso.

Esta mesma pergunta cada um de nós a poderá fazer agora mesmo, neste momento, apesar de adulto. Cada um responderá ainda hoje à sua maneira, seguindo o seu arranjo pessoal. Responderá segundo a sua formação, a sua crença racional, a sua curiosidade, a sua fantasia, a sua idealização. Mas cada um de nós terá também, ao mesmo tempo, a consciência de que está a responder dentro dum plano de vida psíquica consciente, dentro da intelectualização que no momento mais jeito lhe der. Toda a gente sente, as pessoas normais sentem, que no íntimo existirá algo mais complicado, pressentido, vislumbrado, pelo menos nos sonhos. Algo que fazendo parte integrante do próprio, de forma inalienável, desempenha papel constituinte e determinante do seu sentimento pessoal de identidade. E que, quando alguém quer falar verdade a si próprio, acabará por concluir que a resposta anteriormente fornecida foi sem dúvida parcelar, incompleta, eventualmente benévola, moralizante, anti-chocante, anti-decepcionante.

Queremos com isto dizer que cada um de nós se defende com a sua própria racionalização de algo que, vindo de dentro, será potencialmente conflitual. E que há sempre conflitos internos, contradições internas, em toda a gente. Dando mais um passo, acrescentaremos até que toda a vida mental se origina e se organiza através desses conflitos, sucessivamente necessários, indiscutivelmente indispensáveis, agentes de formação, mantidos em persistência. E que a sedimentação das soluções encontradas constitui uma trama que dá forma à constelação pessoal e à identidade em todos os sentidos. A saúde mental e a saúde sexual não se avaliam pela existência de conflitos: definem-se pelo seu grau e pela sua prevalência ... passando por esses conteúdos inconscientes fundamentais. São, em grande parte, o resultado da elaboração que a criança fez à volta das tais perguntas primordiais e das defesas dinâmicas que a propósito construiu. E que cada um transporta mesmo sem querer.

A série combinada de elos que se interligam nos processos psíquicos dessa construção e dessa estrutura, consciente e inconsciente, poderá traduzir-se em comportamentos de tipo sexual ou outros. Constituirá a sequência básica dos vínculos pessoais da identidade em todos os sentidos. Será, consequentemente, o pano de fundo de toda a actividade sexual verdadeira ou fantasiada. O comportamento em geral e o comportamento sexual em particular representam mais um elo, um elo terminal dessa vasta cadeia psicológica anterior. São um resultado paulatinamente alicerçado desde a infância. Por isso correm sempre o risco de se tornarem cegos, quando o funcionamento que os precede se encontra mal organizado, mal vivido, bloqueado.

Nessas circunstâncias, o comportamento poderá ser apenas uma fuga ou uma procura repetitiva de soluções, uma busca incessante e insatisfatória. O adulto repetirá incessantemente a pergunta não resolvida, através da acção que as vai repetindo. Daí que o comportamento por si só esclareça pouco do interior do indivíduo, até porque o mesmo padrão de conduta pode obviamente ser acompanhado de sentimentos internos completamente diferentes.

Neste ponto do funcionamento interno, na relação entre o comportamento e as suas origens, muito haveria para dizer. Não podemos no entanto deixar de referir que este ponto de vista não é completamente partilhado por escolas médicas ou psicológicas que têm pontos de partida e ângulos de focagem diferentes. De maneira esquemática e breve, poderá dizer-se que há corpos teóricos afirmando que a identidade e o comportamento sexuais se baseiam em dados genéticos, hormonais, neurológicos, morfológicos, comportamentalistas, etc. E que outros admitem a existência duma sexualidade psicológica organizada (psicossexualidade), independente destes dados. São estas últimas que defendemos, que utilizamos e comprovamos na clínica.

Aliás, numerosas observações clínicas esclarecem que uma acção hormonal por si só não determina nem o comportamento nem a identidade sexual. É um dado adquirido que as hormonas podem influenciar múltiplos aspectos morfológicos e reforçar os modelos de conduta, mas não têm capacidade para os originar. Outras verificações indicam ainda que a constituição orgânica, em qualquer sentido, genético ou neurofisiológico, não explica a orientação sexual, nem a escolha do objecto, nem a forma de concretização da relação.

A clínica psicanalítica envia-nos para caminhos peculiares. Salienta inequivocamente a influência primordial dos factores relacionais precoces nesses terrenos. Diremos no entanto que a maturação regular da personalidade e a construção da identidade sexual podem ser perturbadas se houver interferência perniciosa desses factores genéticos, neurofisiológicos, hormonais, ou outros, para além dos psíquicos e sociais com valor traumático. Qualquer factor que ultrapasse a capacidade de reparação psicológica pode prejudicar a prossecução do desenvolvimento da sexualidade, de forma mais ou menos acentuada, conforme o estádio em que fizer sentir a sua acção. Conforme o nível de estrutura da personalidade e o grau de maturação já conseguidos.

No entanto, tanto quanto podemos actualmente afirmar, para a imensa maioria das patologias o problema dessas influências biológicas nem sequer se levanta. O desenvolvimento físico dos indivíduos perturbados nesta área processou-se habitualmente dentro de padrões satisfatórios nesse ponto de vista, no passado e no presente. Pelo que permanecem, como objectos de análise, os factores psíquicos ou psicodinâmicos, na sua organização relacional interiorizada.

A REALIDADE INTERNA

A Psicanálise, que se objectiva no estudo da realidade interna, tem evoluído e sofrido uma constante rotação de conceitos, a partir dos dados novos ou complementares que a investigação e a prática clínica vão fornecendo. Alterações conceptuais têm avançado progressivamente.

Freud descobriu a sexualidade infantil e o seu valor essencial. Descobriu o inconsciente, o complexo Édipo, o método psicanalítico, etc. Mas considerava, por exemplo, de forma hoje reformulada, que a organização genital, num e noutro sexo, continha sempre um significado fálico positivo ou negativo, dado que o único órgão sexual do conhecimento da criança seria o órgão masculino. Freud dizia metaforicamente que a libido era masculina. Seria na segunda fase da masturbação infantil que o rapaz percebia que as raparigas eram diferentes. Verificaria nessa altura que não possuíam pénis como ele, enquanto a rapariga, por seu lado, observava que lhe faltaria qualquer coisa, a qual passaria a ser altamente investida a partir daí.

A temática de castração na rapariga podia, segundo ele, tomar várias formas. Desde a inveja de um pénis equivalente ao do rapaz, até à impressão de já o ter possuído, ou de o ter perdido, como sinal de punição provinda do pai ou da mãe. Quer essa punição fosse sentida como merecida (culpabilidade) ou não (raiva). O complexo de castração marcaria o declínio do Complexo de Édipo no rapaz; na rapariga, pelo contrário, seria o promotor dos seus desejos edipianos. A organização genital far-se-ia sempre através dum protagonismo fálico: medo da castração no rapaz, desejo do pénis (poder) na rapariga. O Complexo de Édipo, fundamental nos dois sexos, sucumbiria no rapaz ao complexo de castração; na rapariga seria uma formação secundária, ou seja, tornar-se-ia possível e seria promovido pelo seu anterior complexo de castração.

Esta leitura de Freud considera-se actualmente incompleta, face aos aprofundamentos da teoria. Sabemos hoje que os aspectos fálicos e de castração são importantes mas parcelares, mesmo na definição do masculino-feminino. Muitos continuadores (E. Jones, Karen Horney, H. Deutsch, M. Klein, etc.), investigaram noutros sentidos, concluindo que Freud ao insistir nos efeitos da inveja do pénis na rapariga não tinha em devida conta a outra vertente da bissexualidade feminina. Verificaram um conhecimento positivo e precoce do seu próprio sexo na rapariga. Verificaram igualmente que o rapaz também fantasia ter uma criança no seu ventre, ser capaz de procriar. Definiram melhor a bissexualidade e o trajecto da construção da identidade sexual nos dois sexos.

*
* *

A natureza concedeu à nascença somente um sexo a cada indivíduo, atrofiando definitivamente a biologia embrionária do segundo. Isso obriga a que o desejo das características e das funções desse outro tenham de conduzir a um impasse psicológico. Ser como o outro é desejado mas impossível, porque implica renúncia do próprio, o que é temido na realidade e no fantasma. Este impasse será o motor da identificação ao progenitor do mesmo sexo e da criação da identidade sexual. Na idade em que este problema se vive, desde que haja um desenvolvimento correcto, torna-se forçoso optar e investir o seu sexo, ou seja, criar uma definição sexual relegando para o inconsciente a outra parte. Identificar-se ao seu sexo será identificar-se à figura parental do mesmo tipo. Identificar-se ao outro sexo será o motor da homossexualidade, que supõe perturbação dos processos de identificação e do desenvolvimento dos sentimentos de identidade.

*
* *

A construção da identidade sexual acontecerá portanto no decurso da evolução da psicossexualidade, através dos processos dinâmicos de identificação às pessoas significativas. São essas identificações que ao organizar-se organizam a identidade, num movimento geral de introjecção.

A criança faz identificações sucessivas, fruto dos sucessivos conflitos relacionais que vai naturalmente vivendo e ultrapassando por essa via. Cimenta progressivamente as representações internas que essas identificações lhe proporcionam. Constrói objectos internos, adquire a função de simbolização, cria a sua identidade sexual. Enquanto isto acontece, existe sempre, simultaneamente, no quadro familiar e na cultura circundante, um clima específico que lhe confirma isso, mais tarde ou mais cedo. Que lhe confirma ou não essa identidade, porque ela é ressentida e vivenciada pelo próprio mas também vai ser partilhada com os outros. A confirmação da identidade, a confirmação do género masculino, do género feminino, sedimenta-se nesta espécie de aprendizagem, no homem e na mulher.

Este reforço da função identificatória, proporcionado pela atitude de aprovação ou reprovação das figuras parentais ou do meio em que a criança vive, acrescenta um andar ao edifício, mas não o enraíza só por si. Será um erro pensar que a vivência interna de cada um pode ser montada pelas normas pressupostas de quem tenha possibilidades de as impor. A criança, a partir de determinada altura, pode mesmo posicionar-se ou identificar-se de forma oposta à que o seu meio ambiente para si conscientemente pretende. Utiliza para isso mecanismos que estão muito além dos aspectos conscientes ou racionais.

A realidade interna não é feita, portanto, de fora para dentro; parte de dentro para fora e o externo (o outro) facilita ou inibe a função organizativa, mas não é capaz de a criar.

O TRAJECTO DA IDENTIDADE... A SUA CONSTRUÇÃO

À maneira de E. Erikson, pensamos que a identidade, em todas as suas vertentes, se constrói desde o primeiro dia até ao fim da adolescência.

A realidade interna que define a identidade começa de facto a construir-se logo após o nascimento. O bebé passa pelas primeiras experiências de satisfação através da mamada que proporciona um estado de acalmia para a tensão e para a irritabilidade nervosa específica que a fome lhe proporciona. Estabelece a primeira relação por essa via oral com a mãe que alimenta, dá calor, troca afecto. Vive desse modo e organiza as primeiras experiências de gratificação e frustração, acompanhando as trocas emocionais e afectivas que se tornam cada vez mais complexas.

A mãe responderá de forma espontânea se for saudável, constituindo a outra face deste jogo interrelacional. Se o processo for suficientemente harmónico, num e noutro sentido, a criança sentirá plenitude e bem estar consigo mesma, em grau adequado. Mais tarde possuirá uma boa reserva de auto-confiança.

"Confio em mim porque em criança tinha a certeza de que a minha mãe gostava de mim..." dizia Freud.

Esta reserva de confiança será utilizada nos investimentos libidinais e narcísicos da sua vida de relação, e, quando for necessário, no reinvestimento de si próprio. A libido desenvolve-se e modela-se através das múltiplas vias de comunicação (contacto da pele, olhar, palavras, movimentos conjuntos, etc.) que, para além da via alimentar, se concretizam nesta comunicação primária mãe--filho.

A satisfação alimentar e o prazer que a acompanha criam um desejo de repetição. Criam uma necessidade, uma busca de satisfação puramente hedónica, sensual, independente das necessidades vitais. A partir duma sensação de fome inicial o bebé adopta uma conduta dirigida para o afecto da pessoa que o satisfaz. Afecto que se gera na dinâmica dessa relação, a qual pode ser quente, satisfatória e compreensiva, ou fria, frustrante e rejeitante. Desta relação nasce paulatinamente a representação interna do próprio e do objecto.

A capacidade de representação do objecto começa pela alucinação da experiência de satisfação: o bebé, em estado de necessidade, alucina a sensação de satisfação. O que lhe permitirá uma curta e momentânea tranquilização. Posteriormente formulará a realização alucinatória do desejo, verdadeira representação estruturante do pensamento. Na troca afectiva, a criança evolui e o objecto também será obrigado a fazê-lo, face aos novos posicionamentos que o crescimento normal necessariamente impõe. Assim se vai construindo o edifício da identidade e da identidade sexual. Assim se vai estruturando a fortaleza.

O Ego vai-se autonomizando, progredindo em coesão, independência e força, pelos processos sucessivos de identificação e pela utilização das funções de adaptação. O sentimento de identidade vai-se formando pouco a pouco, fortalecendo-se à medida que o Ego se diferencia em relação ao mundo exterior. Há um certo momento a partir do qual a criança não se refere mais a si mesma na terceira pessoa: não diz mais "... o Quico vai fazer...", passa a dizer "... eu vou fazer...". Passa a usar a primeira pessoa, por volta dos dois/três anos. Isso significa que começa a dar alguma resposta pessoal, organizada, à pergunta: quem sou eu?

Assim se vai formando o consciente e o inconsciente, o Id, o Ego e o Superego. Assim se estrutura o carácter, assim se vivem ansiedades maiores ou menores. Assim na passada se vão promovendo mecanismos de defesa, soluções de compromisso que tomam a forma de sintomas. Assim se estrutura o Self, se organiza a separação entre o Eu e o Outro, se organiza a sexualidade nas suas vertentes pregenitais e genitais, se organiza o Complexo de Édipo. Assim se organizam as personalidades pregenitais, marcadas pela fixação da libido a estádios precoces e pela preponderância dos investimentos narcísicos, ou também se organizam as personalidades genitais, com investimentos caracterizadamente mais sólidos da libido objectal. Investimentos exemplificados na capacidade de dar e receber, na confiança pessoal, no sentimento de autonomia, na segurança da identidade, na aptidão sexual concreta.

As identificações edipianas são as mais importantes, porque representam a cúpula de todo o processo. Nesse conflito edipiano joga-se definitivamente a problemática da bissexualidade psíquica, cuja perturbação será matéria presente em todos os desvios e perversões. Aí se situa toda a definição e arranjo da identidade sexual e da escolha de objecto, ao mesmo tempo que se consolida o narcisismo pela transformação de parte do investimento objectal incestuoso e contraditório em amor de identificação.

No período de latência que se lhe segue, as identificações edipianas e sucedâneos serão os principais trilhos condutores e o grande caudal de força motora para as aquisições a realizar nos planos intelectual e social. Havendo possibilidade correcta de socialização, a criança começará a poder arranjar resposta para a segunda pergunta: que ando aqui a fazer?.

*
* *

Na adolescência, a revivência do conflito edipiano, a maturação da genitalidade, as transformações psíquicas adaptativas ao biológico sexual adulto entretanto surgido, a obrigação de assumir uma forma corporal sexuada, a dificuldade na elaboração do luto das imagens parentais, a escolha do objecto heterossexual, as oscilações entre o investimento objectal e o investimento narcísico, os problemas com a consolidação da identidade em todos os sentidos, a definição do papel social ... tudo isto fará reviver velhas dificuldades e por vezes criar novas e dramáticas alternativas.

O jovem vê-se obrigado a liquidar as figuras significativas onde se tinha apoiado até então. Terá de se deslocar para outras figuras, terá de investir novos objectos. Criam-se heróis, ídolos, novos "pais", idealizados, melhores, diferentes dos da infância, embora sejam todos comuns no inconsciente. Os amigos, os grupos, as ligações apaixonadas e passageiras, passam a ser os suportes da realidade externa, por isso activamente investidos e procurados. Constituem Egos auxiliares e Superegos auxiliares, que colaboram na restituição do equilíbrio tornado instável nessa crise da adolescência. São peças subsidiárias importantes na consolidação da identidade sexual, quer pelo seu auxílio quer pelo seu julgamento.

Tudo isto torna difícil julgar os comportamentos nesta fase da adolescência, dado o ritmo variável de cada um e a sua enorme variedade, qualitativa e quantitativa, no jogo interno entre o presente e o passado. O suporte de identificação que os pais ainda possam fornecer nessa altura, será muitas vezes indispensável. Pode mesmo continuar a ser decisivo e marcante, em todos os aspectos, se os sentimentos de identidade forem demasiado precários.

IDENTIDADE E SAÚDE MENTAL

Devemos acrescentar, para terminar, que todas estas vicissitudes são componentes obrigatórias das fantasias conscientes e inconscientes dos seres humanos. São elas que lhe determinam a identidade e o comportamento, tanto na normalidade como na anormalidade.

A saúde mental será o resultado desse trabalho interno de construção da identidade, operado ao longo do tempo e do trajecto de cada um. Será uma possibilidade organizada psicossomaticamente. A saúde tem de facto, na construção e na conservação da identidade, uma das pedras basilares da sua presença, da sua manutenção, do seu exercício, em todos os sentidos. O seu edifício tem a solidez ou a fragilidade dos alicerces da identidade onde mergulha.

Por isso, a identidade, a identidade sexual, a saúde mental, obedecem à ecologia humana. Obedecem às leis da natureza, que têm exigências particulares, nomeadamente quanto aos afectos envolvidos no terreno onde se movem. Leis importantes, sobretudo no princípio, quando a sua transgressão gera marcas distorcidas para sempre. As trocas afectivas essenciais, indispensáveis em todas as espécies segundo parece, nos seres humanos assumem papel decisivo, dada a sua imaturidade inicial. A sua ausência ou transtorno promovem obstáculos deformadores. Nesse caso a saúde mental não se cumpre ou cumpre-se mal: a todo o momento pode deixar de o ser, fragilizando ainda mais a identidade.

BIBLIOGRAFIA

ERIKSON, E. H. (1959) – Identity and the life cycle – New York: Psychological Issues.

FREUD, S. (1971) – Le Moi et le Ça – in Essais de Psychanalyse – Paris: Payot.

GOLSE, B. (1985) – Le developpement affectif et intellectuel de l'enfant – Paris: Masson.

KOHUT, H. (1977) – The analysis of the self – New York: International Universities Press.

MAHLER, M. (1968) – On human symbiosis and the vicissitudes of individuation – New York: International Universities Press.

RESUMO

O A. desenvolve inicialmente o conceito de identidade, focando a necessidade de um enquadramento entre os aspectos pessoais e sociais para que se organiza um verdadeiro *"sentimento de identidade"*, com os vários vínculos que o caracterizam (espacial, temporal e social). Acentua a necessidade duma continuidade psicológica entre o passado, o presente e o futuro de cada um, para que esse sentimento se estabeleça.

Assinala depois várias patologias da identidade, focando especialmente os sentimentos de vazio, de indefinição, de fragilidade, de ausência de limites ou de território (*"não sei quem sou, não sei o que ando aqui a fazer"*) que constituem quadros clínicos cada vez mais frequentes, quer aparecendo de forma isolada, quer acompanhando outras sintomatologias.

Estabelece depois a ligação íntima entre o sentimento de identidade e a identidade sexual, alongando-se na génese da sexualidade e nas vicissitudes dos seus caminhos evolutivos, desde a infância primordial, passando pela adolescência, até à vida adulta. Foca a importância decisiva dos aspectos relacionais (interrelacionais) e da dinâmica das identificações, na organização e na maturação da identidade e da identidade sexual, ou seja, a importância da realidade interna e da sua relação com o comportamento externo.

SUMMARY

The concept of identity is innitially referred in psychonalytic terms focusing on the necessity of the relationship between personnel and social aspects in the organization of a real *"sentiment of identity"*, with its various dimensions (space, time and social). This sentiment is established only if a psychological continuity between one's pass present and future is obtained.

Some disturbances of the identity are also described, mainly the sentiments of emptiness, indefiniteness, fragility, absence of boundaries or territory (*"I don'tknow who I am; I don't know what I'm doing here"*), which appear most frequently, whether isolated whether along with other symptoms.

The intimate relationship between the sentiment of identity and sexual identity is then established and the author remembers the genesis and vicissitudes of sexuality sisce childhood, to adolescence and to adult life. The relational aspects are stressed along with the identifications dynamics in the process of organization and maturation of identity (the sexual one too), which can be stated by means of the relationship between interne reality and behavior. Finally, the implications in improving mental health are mentioned.

HOMOSSEXUALIDADE [1]

NUM MUNDO CONTROVERSO, em mudança acelerada, não é fácil discernir sobre a homossexualidade. Há polémica e evolução conceptual, por vezes de carácter mais emocional que científico, com afirmações contraditórias. Há hoje uma enorme abertura sobre a sexualidade, mas não é menos verdade que persistem imensos nevoeiros, impregnados de subjectividade e julgamento.

A sexualidade, inerência fundamental do ser humano, transporta fascínios e mistérios como nenhuma outra questão. Facilmente se deixa envolver numa espécie de hipnose afectiva, pessoal ou colectiva, intelectualmente redutora. Quando falamos de sexo e de sexualidade projectamos muito de nós, movemo-nos em códigos estabelecidos, condicionamos dramatizações. Há dificuldades de compreensão e contingências, problemas e conflitos, riscos e identidades, sobrepondo-se vezes sem conta à razoabilidade e ao conhecimento. Há idiossincrasias inscritas no nevoeiro: a sexualidade será sempre comprometida, pendente, em trânsito, na pessoa, na cultura, na civilização, na sociedade. Ninguém se

---

[1] Artigo incluido no livro *Novos desafios à Bioética*, organizado por Luis Archer, Jorge Biscaia, Walter Osswald e Michel Renaud (Porto Editora, Setembro de 2001).

liberta completamente disso. E basta ler a História para lhe perceber a importância e a cólera.

Tudo porque a sexualidade não é só conduta, exercício genital ou processo. Mesmo quando aparentemente isso se esquece, é toda a vida de relação entre as pessoas que nela se desenrola, lhe subjaz, lhe determina modelos, lhe move fantasias, lhe teme respostas, lhe confere cadeias, lhe desperta bombas nucleares. E contem ainda a saúde mental na sua mais íntima raiz. Foi e será sempre um "eterno" problema, bastante maior do que o seu agenciar prático possa sugerir, porque de facto se situa muito para além do comportamento. Um muito digno problema, diga-se de passagem.

E se o tema em si é polémico, complica-se na homossexualidade. Afectos e adereços são ainda mais intensos. Discutem-se práticas e teorias, exploram-se conceitos e preconceitos, referem-se escolhas e circunstâncias, arrogam-se políticas e orgulhos. Avalia-se excessivamente: em alérgicas repugnâncias ou em ardorosas militâncias. Em solipsismos! Tudo o que se escreve é susceptível de provocar "veemente repúdio" ou sinalizar "contestação tauromáquica", porque será sempre "a favor ou contra", mesmo quando no texto isso nem sequer se vislumbre ou exista apenas na cabeça de quem lê. Há lutas e subsolos, como se bastidores houvesse, como se de partidos políticos se tratasse. Não nos parece que tenha obrigatoriamente de ser assim. Observações tranquilas poderão existir, distanciadas do imediatismo febril. Será útil tentar fazê-las.

A actual tensão afirmativa dos homossexuais decorre justificando-se no passado. A sua história foi de facto, desde sempre, uma grave discriminação. Foi uma história de abominações, repúdios e perseguições: sociais, políticas, religiosas, bíblicas. Foi também uma história de clandestinidades e mortes, embora leituras coloridas feitas hoje (de que muito se pode duvidar) queiram realçar, em determinadas culturas, nichos não só de aceitação mas até de aplauso.

Modéstia nas afirmações, cuidado no conhecimento, amortização no julgamento, serão as atitudes eticamente consentâneas com a dignidade suposta.

A QUESTÃO PESSOAL

Homossexualidade é uma questão pessoal. É uma questão psicológica, subjectiva. Como qualquer outra propensão sexual, vem de dentro não se implanta por fora. Não são as regras nem os códigos externos que no íntimo a colocam ou retiram. Existe no interior do indivíduo, quer seja agida na prática ou não, quer seja posta em uso ou não.

A Psicanálise aprofundou-lhe o conhecimento. Forneceu-lhe acentuado contributo investigacional e científico, sobretudo quanto à génese e quanto ao sentido que dentro daquela pessoa ocupa. Antes da Psicanálise e apesar das condições não serem de facto historicamente sobreponíveis em todas as culturas, era apenas degenerescência viciosa, um vergonhoso vexame, um incompreensível "fenómeno teratológico". Estudá-la era descrever-lhe os gestos, nada mais que isso.

Freud trouxe à claridade a chamada disposição bissexual, física e psíquica, cujas vicissitudes no desenvolvimento e maturação da criança (psicossexualidade), decisivamente orientam e se configuram no adulto. O desenvolvimento duma face da bissexualidade atrofiará a outra, restando vestígios úteis e fundamentais da segunda na socialização da pessoa, na disponibilidade afectiva, na capacidade de estabelecer amizade com indivíduos do mesmo sexo.

Na criança, as vivências com os pais proporcionam identificações e conjugam-nas com o sexo biológico descoberto neles e em si. Pais que inevitavelmente serão dois, sexuados e diferentes, não podendo a criança ter (ser) mais do que um. A criança verificará a implacabilidade do seu destino monossexual entre os três e os cinco anos, idade em que, prazenteiramente, manipula sensações no toque dos genitais e em que os órgãos dos pais são alvo de intensa curiosidade quanto a formatos, mistérios, actividades. Tem forte curiosidade, enorme fantasia, desejo de conhecer. Todos os pais um bocadinho atentos dão conta disso, abolidas as cegueiras, sem grandes dificuldades; todos também muito influem, mesmo sem notar.

Qual será o meu papel no meio disto? interrogar-se-á certamente a criança. Será o conjunto das respostas conferidas e das identificações entretanto feitas que lhe organizarão a identidade em geral e a identidade sexual em particular. Que a definirão: no género, na escolha, no prazer, no encontro, na idealização. Se o desenvolvimento se processar em moldes comuns, a identificação global ao progenitor do mesmo sexo acontecerá sem grandes turbulências. Se houver inibição, com angústias perturbadoras, poderão desenrolar-se dinamismos característicos e consequências. Poderão acontecer fixações em patamares transitórios, em pontos de passagem do amadurecimento. A homossexualidade disso será um exemplo.

Costumamos dizer que isso acontece quando a criança não teve capacidade de "reivindicar" o seu próprio sexo, ao discutir consigo própria a diferença entre os dois. E não terá tido essa capacidade, conferida pela série animal aos seus elementos, porque alguém lha retirou. Porque um clima relacional perturbado e crónico, por excesso ou por defeito, a sufocou. Não lhe terá sido permitido o exercício duma formatação indutiva natural, porque ela se prejudicou nas malhas onde se meteu. Mães grandiosas e possessivas, determinantes de tudo o que a criança será, incluindo a sua identidade de género sexual, terão nisso especial relevo. Sobretudo se não houver pai na realidade psicológica. Abandonos, mortes, lutos, traumatismos não resolvidos, relações afectivas de computador, serão alguns outros pontos de partida, que a cultura circundante ajudará ou não a desabrochar.

I

Depois de Freud, através da verificação analítica ou da observação directa de crianças, foram-se descobrindo e valorizando processos ainda mais precoces do que os edipianos. Emergiram complexidades anteriores, eventualmente envolvidas nesta rede: agressividades não elaboradas, fragilidades narcísicas, angústias de separação, medos de destruição da mãe, figura primordial de quem a criança totalmente depende. Identificações maciças com essa mãe, nos dois sexos, para a conservar dentro de si em perspectivas fusionais, são de observação corrente. O que acarreta no adulto uma idealização quase absoluta dessa figura, idealização muito visível na maior parte dos homossexuais, masculinos ou femininos, ou, em contrapartida, uma desvalorização reactiva do mesmo grau, igualmente quase absoluta.

Estas angústias precoces contaminam os impulsos e as identificações na altura da diferenciação da identidade sexual. Proporcionam sofrimentos e manobras que "viciam" esse momento, conferindo-lhe caldo de cultura onde florescem dúvidas e perplexidades: quanto à definição de si, quanto à estrutura do corpo, quanto aos contornos e limites desse mesmo corpo, quanto aos motivos de procura sexual, quanto aos termos do encontro, quanto aos temores da intimidade. Os desejos íntimos da mãe, muitas vezes não confessados, relativos ao sexo nascente do bebé, promoverão uma primeira e fundamental identidade de género. São um factor significativo. Os significados de masculinidade e feminilidade que essa mãe transporta, esses mesmos significados no contexto geral e nos poderes onde se situa, as experiências sobre os genitais próprios ou alheios, as observações e comparações com os outros, as gratificações e frustrações, acrescentarão forma às dificuldades e estruturas. As angústias incidem quase exclusivamente sobre os órgãos genitais do outro sexo, cuja visão se tornará aterradora: na realidade, no fantasma, na representação mental. Este receio é bastante visível em homossexuais em análise. Só essa "pequena particularidade" conta no arco-íris embaciado que se estabelece entre eles e os pais. O resto do corpo quase não entra neste conflito, para o efeito pouca ou nenhuma importância terá. Factores educacionais e circunstanciais somarão facilidades implosivas ou explosivas a tudo isso.

A homossexualidade torna-se então um anteparo dessas angústias. Será uma espécie de terreno lateral, transformado em fixação compulsiva, que num movimento automático impede a emergência desses sofrimentos mais graves que podem ir até sentimentos de despersonalização. Será absolutamente conveniente fugir desta situação. Temores substituem ligações perturbadas, desejos e complementos: a mãe não canta, o pai não existe, a criança não dorme, a sexualidade confunde-se.

Forçando um pouco, poderíamos dizer que os homossexuais necessitam de o ser, necessitam de fugir ao encontro heterossexual, para sobreviver. Donde, a sua habitual sensação de determinismo e a frequente procura da Psicanálise mais para tentar resolver problemas de relação com o mundo externo, social, do que problemas internos, estruturais, da relação consigo próprios.

II

Se houver esta constelação psicológica de base, a criança bastante cedo poderá fixar-se na zona da homossexualidade (quando adulto dirá que nasceu assim). Nos jogos eróticos iniciais, com um ou outro sexo, a criança procura sempre experiências que, para além de prazer, tragam sentimentos de segurança e neguem ansiedades. O sexo do outro, na infância, é muito menos importante do que para o adulto. Essas experiências reasseguradoras, realizadas no mesmo sexo, porventura inseridas nesta constelação, facilmente encaminham.

Estabelecida a condição e o desenvolvimento, no homem adulto haverá duas formas limite: uma forma de grande investimento narcísico, que rejeita totalmente o sexo da mulher (amam homens em espelho, num processo recuperador do medo profundo da despersonalização, sentindo-se homens amando outros homens); outra forma de identificação feminina, vivida como tal (dizem-se um erro de natureza, serão "mulheres" em corpos de homem, amam homens como pensam que as mães os teriam amado a eles). Situações intermédias, oscilando entre um e outro paradigma, são reconhecidamente as mais frequentes.

Na mulher adulta haverá igualmente duas formas limite: identificação masculina (serão "homens", amando mulheres) e identificação feminina com exclusão total da figura masculina (serão mulheres, amando outras mulheres).

III

Para os psicanalistas, esta muito breve afloração teórica continua insofismável, com algumas variantes. Continua texto básico, que a prática alicerça. Acentua sobretudo que a orientação sexual do adulto nunca será um simples gosto ou escolha racional, consciente. Ninguém se encaminha para a homossexualidade (como para a heterossexualidade, obviamente) por "opção" tipo clube desportivo. Na sua estrutura, os homossexuais serão assim porque não podem ser doutra maneira. Serão angústias, serão razões negativas que os determinam e mantêm.

Digamos desde já: nenhum militante da homossexualidade aceita semelhante teorização, segundo consta, o que levanta muito curiosas interrogações.

Digamos desde já também: nenhum militante da heterossexualidade (há muitos, só eles saberão porquê) aceita semelhante teorização, segundo consta, o que igualmente levanta muito curiosas interrogações.

Para que a compreensão deste facto melhore, será útil acrescentar que a sexualidade só se nota quando falha. Antes ninguém repara, as militâncias não fazem qualquer sentido. Há muitas falhas e conflitos em todo este terreno. A homossexualidade nota-se sempre; é sempre uma falha.

A QUESTÃO SOCIOCULTURAL

Freud tirou a sexualidade do esconderijo na primeira metade do século XX; a segunda metade encarregou-se de a exibir, obstinadamente, à procura do tempo perdido. Ainda se lhe não estabeleceu medida certa, nem justeza de apreciação.

"Social" é comportamento; é o lado de fora de cada um, no conjunto de todos nós. Mas a forma de viver ou lidar com as questões interiores é bastante variável, tal como a forma de agir. Mesmo numa minoria historicamente violentada e reprimida como os homossexuais, os processos e condutas são muitíssimos pessoalizados. São diferentes as necessidades, diversos os pensamentos, múltiplas as acções, matizadas as exposições. O mesmo acontecerá quanto ás considerações de ordem ética individual, internamente envolvidas, ou seja, quanto ao que cada um sente ou pensa de si. O desígnio sexual pode ter significados variados conforme o texto onde mergulha; será sempre a parte visível duma cadeia longínqua que debaixo de água se comporta, com motivações e objectivos estremecidos. As restantes características da personalidade desempenham grande papel no produto final. Não é a homossexualidade que muitas vezes se expõe; são outras facetas que a empurram e lhe gizam comportamentos.

Por outro lado, a sociedade e a cultura organizam regras e códigos que, sendo absolutamente indispensáveis, nada podem contra as questões e características básicas do ser humano. Essas regras zelam pela liberdade, pelos direitos, pela liberdade dos outros, situando-as, regulando-as. Procuram orientar dignamente o colectivo. Mas será isso apenas o que se lhes pode pedir. Não podem zelar pela liberdade interna dos indivíduos, nem o podem pretender. Queremos com isto dizer que será pouco credível, hoje, tentar extrapolar regras sociais para o interior (estamos tentados a criar a palavra intrapolar), impor regras do mundo exterior para o mundo interior, porque este tem de facto natureza e lógicas completamente diferentes... lógicas irracionais, inconscientes, emocionais, sem tempo, sem medida, à mercê de impulsos primários, infantis. A civilização e a cultura modelam e aconchegam os seres humanos, mas não será um comportamento julgado correcto ou incorrecto que nos falará definitivamente da pessoa. Fala-nos apenas disso, refere somente essa vertente. Não nos informa de muitas outras.

Por outro lado ainda, todas as culturas percorrem caminhos de mudança, tão imparáveis como os crescimentos da criança, os quais prosseguem mesmo contra os pais interessados em detê-los. A cultura evolui inexoravelmente, apesar dos seus eventuais contrapontos, embora o sentimento desse trajecto seja uma aquisição (recente) no trânsito da História e por isso muito alimente o sobressalto: "para onde vamos". Não saberemos com absoluta garantia para onde vamos, mas estamos em movimento com certeza.

Na consciência prática desse trânsito, muitos valores morais e institucionais vêem-se obrigados a reduzir crispações que, às vezes sem dar por isso, continham e cultivavam. Para eles seria assim e ponto final. A diminuição da função normativa, o alívio do seu peso, constituem actualmente saborosas aventuras, mesmo para as organizações mais fechadas. Tendencialmente, hoje, só o respeitável incómodo dos outros impõe limites codificáveis em todas as circunstâncias. Cumprido isso, "a moralidade foi praticamente privatizada", como dizia Luckman, em 1996. As responsabilidades e referências mudaram do exterior para o interior, acantonaram-se no íntimo de cada um.

Muitos tenderão a considerar essa liberalidade como triste sinal duma anomia onde vale tudo, incluindo instintos perversos ou disruptivos: seria uma situação a combater. Outros tenderão a minimizar o fenómeno: será apenas ruído, eventualmente um ruído excessivo, impregnado de querelas mundanas, utilizado como atractivo na venda de produtos. À semelhança do sabonete que só compra quem quer. Isso poderá ser óbvio para a superfície dos factos, mas como situar-se quem pensa?

*
* *

A interrogação continua. A interpretação psicanalítica sabe que uma satisfação completa do desejo nunca existirá. Cada ser humano possui uma dose permanente de insatisfação, no terreno sexual como em todos os terrenos fundamentais. E sabe que, num primeiro momento, toda a ilusão reparadora será muito bem recebida por isso mesmo, seja ela qual for. Sabe ainda que, quanto mais sólida a construção da saúde mental dos indivíduos se propiciar, mais facilmente essa insatisfação se elabora, sem agitações nem pesquisas inquietas. Mais desprendida será, com discernimento inteligente e crítica, sem fugas nem pânicos, concorde-se com o facto ou não. Na ilusão reparadora, os seres humanos gostam imenso de dar tiros acusatórios e de fazer de conta. Gostam imenso de fazer balanços, de contabilizar responsabilidades e culpabilidades, no clássico discurso de radicalidades e extermínios. Serão preferíveis caminhos de saúde mental em vez de ilusões, caminhos éticos em vez de precipitações.

Do lado dos homossexuais o mesmo acontece. Uma das ilusões que mais convictamente tentam espalhar consiste na atribuição causal a factores que nada teriam a ver com eles. Seriam vítimas das circunstâncias, nada participariam no terreno, seriam completamente determinados por razões genéticas, constitucionais, bioquímicas ou sociais. No mesmo discurso de radicalidade, no extermínio das partes más.

Muito tempo levará o ajuste discursivo dum e doutro lado. A verdade é que o discurso sobre a homossexualidade, médico, filosófico, jurídico moralista, perdeu a exclusividade dos técnicos. Libertados do esconderijo, são os próprio actores que tomam a palavra, reclamam direitos, interpretam, teorizam. Que se expõem, polemicam, agrupam. Que fazem lobbies, pressões, orgulhos, lutas ... contra estigmas e discriminações. Neste movimento, duas ou três ideias têm tomado relevo, importando muito brevemente interrogá-las.

A QUESTÃO DA DOENÇA

Ao longo do tempo classificada como doença, com várias designações: perversão, patologia de carácter, patologia borderline, comportamento desviante, psicopatia, anomalia, emergente atípico ... progressivamente tem vindo a ser retirada essa carga à homossexualidade, sem contudo haver unanimidade de opinião. Mesmo os psicanalistas de hoje não se acordam completamente e discutem partes. Hoje dizemos que há várias homossexualidades, com distintas construções mentais. Poderá ser apenas uma faceta, eventualmente isolável, sem outro tipo de dificuldades, com adaptação interna estabilizada, que conseguiu uma ego-sintonia sobre a ego-distonia e as ansiedades ou sofrimentos iniciais.

Mas será impossível pensar que alguém se sinta homossexual e não sofra com o sentimento de desconcerto interno que isso transporta, de forma independente e anterior à vivência social. Há sempre um conflito, com sofrimento acentuado, na causa e na consequência, com destino variável, dependente das outras características da personalidade.

Pode existir portanto homossexualidade em estruturas neuróticas, perversas, psicóticas ou em estruturas sem outros sintomas. O que também quer dizer que da homossexualidade à psicopatia, que lhe é tradicionalmente atribuída, poderá ir uma grande distância. Não se lhe sobrepõem obrigatoriamente a instabilidade de carácter, promiscuidade compulsiva, insaciabilidade sexual, fuga para a frente, desbragamento sem amanhã ... nem outros comportamentos afins que lhe são tradicionalmente atribuídos. Há muitos homossexuais que referem uma vida interior harmónica e estabilizada, sem sentimentos visíveis de falso ou denegado, com possibilidade de afectos e uniões estáveis.

A QUESTÃO GENÉTICA E NEURO-ENDÓCRINA

Parece ilusão completa a hipótese duma homossexualidade primária, geneticamente transmitida. Mas é comum ouvir-se essa teoria nas comunidades directamente interessadas, com algum ruído, dizendo-se auxiliados por descobertas feitas nos seus próprios laboratórios. Mesmo conhecendo a difícil explicação da transmissão do gene e, mais ainda, do seu início. No ser humano, a influência genética sobre comportamentos e atitudes é reconhecidamente muito esbatida, quando comparada com o peso dos factores vinculares e ambienciais.

Essas comunidades têm, do mesmo modo, procurado determinismos neurológicos (dimensões anatómicas cerebrais diferentes, redução do tamanho do hipotálamo anterior nos homossexuais masculinos, etc.) e determinismos endócrinos (erros hormonais durante a gravidez) sem qualquer reconhecimento científico.

A QUESTÃO DO UNISSEXO E DA ADOPÇÃO DE CRIANÇAS

A teoria do unissexo e da igualização indiferenciada, divulgada como futuro desejável e enriquecedor, seria novamente a negação da tal "insignificante diferença". Será uma tentativa de construção do vazio, através do frio, em nossa opinião. A diferenciação sexual, que a natureza instituiu e a tensão entre os dois sexos eternizou, é uma inultrapassável inerência da série animal. A não ser que a espécie mude, o que não será plausível tão cedo. Essa diferença contém em si mesma o maior afecto e o mais grandioso motor de tudo quanto a humanidade já pensou e fêz. Retirá-lo em teoria será fugir da vida, será preconizar depressão e morte, porque todo o ser vivo é originariamente sexuado e reprodutor.

A pretensa adopção de crianças por "casais" homossexuais enquadra-se nessa linha, provavelmente em mecanismo inconsciente. Não se trata dum(a) homossexual ter um "afilhado" ou um "filho", por quem muito se poderá interessar e cuidar. Trata-se dum par, que adoptaria crianças do mesmo sexo biológico como se fossem pais, para "fazer filhos" idênticos a eles como género, submergindo-os com eles. Na fantasia e no desejo forçariam a natureza, que não se deixa forçar. É um projecto inconscientemente alimentado por instintos de morte, não por instintos de vida. A sua legalização jurídica seria uma grosseria em nosso entender, uma falta de consideração pela criança, um desrespeito pelo seu destino. Completamente de rejeitar.

PARA TERMINAR

Todos os seres humanos são racistas. Sejamos generosos: quase todos. A homossexualidade tem-se avaliado nesse registo, com afecto muito mais profundo do que a cor da pele. É a reivindicação do próprio sexo no julgador e o medo fantasmático de o perder, que lhe marcam o subentendido e o aperto na intolerância. Cada metade da espécie humana procura eternamente a outra metade e com isso a sua porção de imortalidade, mesmo sem nunca o ter pensado. Procura a "imortalidade perdida", fantasma subjacente à profissão de viver, sem que para isso necessite de filosofia nenhuma; será uma condição originária, que não sabe ler nem escrever.

Intrinsecamente, a homossexualidade é uma amputação desse desígnio, uma ferida, um temor, em toda a gente. Daí o racismo, alicerçado no medo. Por outro lado, a cultura é um polícia de costumes, mesmo que ninguém fale disso ou repare. Existe como tal e condiciona, para o positivo e para o negativo, esse mesmo temor. É na encruzilhada destes dois vectores, psicológicos e culturais, que se geram conflitualidades "rácicas" e "policiais", eventualmente graves, quando divergem do "harmónio" estabelecido.

Neste assunto, o jogo prático da tolerância tem sido ao longo dos tempos tão maltratado, que todos os responsáveis pela história deveriam andar por aí a pedir perdão. Nada adiantaria nem retiraria desajustes, mas poderia melhorar horizontes de futuro. Contribuiria de forma serena, clamando simbolização na prática. A homossexualidade ocupa um patamar muito alto neste esquema. Não se trata nem se analisa a questão, que vai aumentar em visibilidade e número (a cultura de hoje tendencialmente indiferencia), cavando trincheiras ou levantando barricadas de exclusão. A saúde mental constrói-se no ambiente e na relação entre as pessoas, considerando-as como elas são, nas condições de eticidade incluídas. A saúde mental terá de ser um dos grandes desígnios dos agentes culturais, o nosso desígnio profundo.

Há uma ética interna (pessoal) e uma ética externa (sociocultural), sendo a dignidade de existir a confluência das duas. Nesse sentido, se a homossexualidade é sempre uma falha, o comportamento homossexual poderá ser ou não.

BIBLIOGRAFIA

BRENN, DANA et al. – *O Enigma dos Sexos*; Imago Editora, Brasil, 1998

DUBY, GEORGE et al. – *Amor e Sexualidade no Ocidente*; Terra Mar Editora, Lisboa, 1991.

FREUD, SIGMUND – *Três Ensaios sobre a Teoria da Sexualidade (1905)*; Standard Edition, vol. 7; Imago Editora (Brasil), 1972.

GRAÑA, ROBERTO B. et al. – *Homossexualidade – Formulações Psicanalíticas actuais*; Artemed, Porto Alegre (Brasil), 1998.

GRINBERG, L. e GRINBERG, R. – *Identidade e Mudança*; Climepsi Editora, Lisboa, 1998.

ROUGHTON, RALPH – *Psychanalyste et homosexuel?*; Revue Française de Psychanalyse, n.º 4, 1999.

SOCARIDES, CHARLES W. – *The homosexualities*; Madison International University Press, 1990.

TRANSEXUALIDADE
E MUDANÇA DE SEXO [1]

POR TRANSEXUALIDADE ou transexualismo entende-se uma perturbação grave da sexualidade, onde a ambiguidade é de tal monta que o portador, biologicamente definido e normal, pretende viver e funcionar no outro sexo. Diz-se vítima dum erro de natureza e deseja corrigi-lo, através de intervenções cirúrgicas e processos hormonais actuantes em permanência. Pretende mudar de sexo e fazê-lo absolutamente. Irá dessa forma repor a sua verdade interior, tentando fazer coincidir a anatomia com a identidade, enquanto ao mesmo tempo reivindica, no trajecto e no alcance, o estatuto mental e civil do sexo com que não nasceu. Isto pode acontecer em ambos os sexos, com estatísticas muito diferentes conforme a visibilidade e a cultura, que vão desde oito homens para uma mulher, até paridade em algumas, embora o valor de três para uma seja o mais aceite. A sua prevalência rondará um para cem mil. Mas será sempre mais dramático, apesar de tudo, no sexo masculino. A mutilação (amputação do pénis e dos testículos, forjando uma "cavidade" vaginal) será física e mentalmente

---

[1] Artigo incluído no livro *Novos desafios à Bioética*, organizado por Luis Archer, Jorge Biscaia, Walter Osswald e Michel Renaud (Porto Editora, Setembro de 2001).

bastante mais complicada do que o arranjo suposto para a instalação duma prótese masculina num corpo de mulher.

O termo transexual usa-se desde há cerca de quarenta anos, suportado em conceitos e opiniões nem sempre concordantes, usando-se também "disforia de género" e "transgenderismo" com sinónimos. O tipo de intervenção cirúrgica e a técnica têm-se aperfeiçoado com o tempo.

Nas situações mais "puras", o transexual desde cedo afirma pertencer ao outro sexo. No masculino, exemplarmente, a amputação é sentida como alívio: o órgão estará a mais, será um órgão repugnante e "podre", inútil, jamais utilizado em qualquer prática sexual. Todo o movimento de vida do portador se joga empenhado nessa exclusão, cujo dramatismo cresce se houver períodos depressivos. Nessa eventualidade, à semelhança do suicídio, a agressividade encontra-se muito mais disponível e muito mais próxima do pleno indispensável à execução, pelo que se podem gerar momentos de risco acentuado. Alguns melancólicos automutilam-se efectivamente, assumindo posicionamento catastrófico e suicidário por partes.

A violência dessas situações lembra ao técnico de saúde a necessidade duma reflexão adequada e cuidadosa quanto à forma de lidar com os transexuais. Cuidadosa quanto a atitude em sentido geral e quanto às respostas ao pedido de reatribuição anatómica.

I

Mas, entre o bisturi e o facto de não se sentir harmonizado com o seu sexo biológico, vai uma enorme distância. Quase sempre a mesma distância que vai da normalidade à psicose. Problemas com a sexualidade e com a identidade sexual, do mesmo modo que repugnâncias sobre os próprios órgãos acompanhadas do desejo mais ou menos íntimo de mudança de sexo, acontecem em muitos indivíduos perturbados que, apesar de tudo, jamais procurarão o cirurgião. "Homens com alma de mulher", "homens encarcerados em corpo de mulheres", com vidas, maneiras e disposições da outra face, com formas características de estar, vestir, brincar, desde a infância, agravadas habitualmente na puberdade, existem com frequência na homossexualidade sem que daí se transite para o transexualismo. Acentuamos com isso que apenas alguns "descontentes" com o seu corpo o fazem, ou o pretendem fazer.

Transexual é o homossexual que não aceita a sua homossexualidade: que a repudia com tal veemência que só a mudança de corpo o tornará "bem" consigo e com a sua condição. Mudança que, por absurdo que seja, teoricamente fará dele um heterossexual. Se pudessem imaginar-se homossexuais, com um mínimo de liberdade interior, não encarariam nunca a hipótese transexual, o que só por si traça rotas de orientação terapêutica. É uma vivência interna com intenso investimento e sofrimento, assente em mecanismos de clivagem que não suportam o que na realidade verificam, com um constrangimento psicológico radical sobre a capacidade de auto-fantasiar. Condição mental que pressupõe, de modo habitual, grave patologia psiquiátrica associada.

São possíveis situações definitivas, situações periódicas e situações ocasionais. Nas situações periódicas ou ocasionais, ligadas a momentos depressivos ou a episódios delirantes transitórios, do fundo pessoal emergem planos inconscientes que noutras circunstâncias se encontram controlados. Qualquer intervenção cirúrgica ou hormonal estará totalmente deslocada nesses casos. O mesmo se dirá das situações definitivas com franca psicopatologia: psicoses esquizofrénicas, delírios de transformação sexual, psicopatas exibicionistas, personalidades profundamente perturbadas, violências sado-masoquistas, etc. Todos esses serão também completamente de rejeitar como candidatos à cirurgia.

Mas nem todos os transexuais terão, de facto, um "delírio parcial". Muitos autores referem casos "verdadeiros", primários, bastante raros, numa condição homossexual muito vincada, inicialmente assumida em travestismo (uso de roupas do outro sexo, em ocasiões ou em permanência) . O travestismo, que associa marcadas facetas exibicionistas, utilizadas muitas vezes na prostituição e em comercializações afins, tornou-se insatisfatório naquela constituição psicológica especial. Através da cirurgia o travesti procura "resolver-se", arranjando ao mesmo tempo novos atributos e sedutores mistérios profissionais.

II

Toda a avaliação e indicação terá de ser essencialmente clínica: analisando história pessoal, estrutura psicológica, sintomas, sofrimentos, objectivos. Será a "convicção" do clínico somada à convicção do doente que avalizará a intervenção. Os resultados são de apreciação muito variável, dependendo excessivamente da "convicção" do cirurgião e da "convicção" do paciente. Dependem demasiado disso, sobretudo no que diz respeito ao aspecto subjectivo dos inquéritos e às referências sobre a satisfação sexual a partir daí conseguida. Obviamente, não se pode confundir sexo com sexualidade, nem corpo com psiquismo; muito menos ainda se pode confundir satisfação quanto à qualidades da estética e da cosmética, com satisfação sexual e com saúde mental dos indivíduos.

Iniciadas há décadas, estas práticas entraram desde o início em terreno polémico e experimental, que continua nesse estado apesar do tempo decorrido. Houve uma certa euforia e facilidade (muitas vezes mais para evitar a intervenção clandestina, facilmente encontrada em certos países, do que por um verdadeiro reconhecimento de ganho terapêutico). Muitos intervenientes, actualmente, consideram que pouca ou nenhuma vantagem acontece na reabilitação social, mesmo quando subjectivamente persiste alguma melhoria. Sinal evidente disso será a Clínica John Hopkins, que tendo inaugurado este tipo de intervenção no Estados Unidos, a retirou dos seus programas já há mais de dez anos. Verifica-se que do inicial alívio pós-operatório se regressa paulatinamente ao mal estar, noutras formas. Estatísticas credíveis assim orientam, recolhendo afirmações dos vários actores, embora outras exibam significados diferentes. Estas últimas, são as que normalmente a comunicação social hipertrofia e glorifica, esquecendo quanto este tipo de problemas tem de penoso e complicado, muito mais do que pretendem fazer crer.

Todos os observadores levantam grandes reservas quanto à cirurgia e exigem uma avaliação contínua de longo termo. Um número muito limitado de indicações persistirá, quando uma "prova real de vida", com largos anos de percurso, situe indiscutivelmente o candidato. Só após longa e cuidadosa observação pluriprofissional, haverá possibilidade sérias de oficializar a intervenção, como tem sido feito nos países mais expeditos. Normalmente impõe-se um mínimo de dois anos entre o pedido e a cirurgia, com observação psiquiátrica regular e psicoterapia no intervalo. Os resultados mais positivos dependem substancialmente dessas terapias envolventes, antes e depois, terapias prolongadas que precedem a cirurgia e a continuam. A integração dependerá muitíssimo disso também, do mesmo modo que o pretenso ajustamento sexual dependerá. Todos os follow-ups nisso insistem, quer os que apresentam resultados muito maus (Rauchfleisch, U. Basileia, 1998), quer os mais optimistas (Rehman, J.-Fev. 99).

A ética médica, colocada perante a ablação de órgãos sãos, também coloca sérias reservas, dado que, em princípio, o médico não deverá partilhar nem participar em psicopatologias, nesta ou noutras situações. Demasiadas vezes os pedidos de operação são apenas bizarrias patológicas, que podem do mesmo modo incidir sobre outros órgãos (consertos e desconcertos de narizes, faces, pénis, vaginas, etc.), englobadas num consumismo a macaquear saúde, solicitados por indivíduos mais necessitados de tratamento psiquiátrico do que doutra coisa qualquer. Será necessário saber discernir.

Sob o ponto de vista legal, a Recomendação 1117 da Assembleia Parlamentar do Conselho da Europa, de 29 de Julho de1989, preconiza nos Estados Membros a necessidade de reconhecer aos transexuais o direito de "mudar de sexo". Em Portugal, um grupo de trabalho da Ordem dos Médicos (1995) recomendou que "a cirurgia seja precedida, para além do diagnóstico subscrito pelo menos por dois psiquiatras, de parecer obrigatório de uma comissão "ad hoc" constituída por endocrinologistas, sexólogos, cirurgiões plásticos e juristas, de reconhecida competência na matéria... e que o candidato seja: maior, civilmente capaz e não casado".

III

O que se mostra na TV nos últimos anos, sobre esta questão da transexualidade, assume características aberrantes de propaganda. A ligeireza com que se exibem seres humanos notoriamente falseados na vida e no projecto, com máscaras surrealistas, a vangloriar felicidades depois de operados, deveria suscitar obrigações de reflexão e medida. O papel da comunicação social tem sido muito duvidoso, em nossa opinião, quer na propagação do conceito, quer no incitamento à busca deste tipo de soluções. Quer ainda num certo cultivo de aconselhamento e heroísmo, para uso de tímidos e descrentes, sem cuidar das consequências: "se não fizerem aqui, poderão fazer acolá, clandestino que seja...". Não cuidando do mal estar, dos arrependimentos, das frustrações, das necessidades não cumpridas, das ilusões, das psicopatologias.

Mostram-se na TV caricaturas de feminilidade e de masculinidade operadas e doentias, cortejadas de aplausos e falsidades. Muitas crises de identidade sexual noutros indivíduos, muitas perturbações emocionais doutra ordem, se deixam influenciar por essa atitude e por essa crença, como se de verdadeiras soluções se tratassem. Sem qualquer acerto crítico ou pedagógico. Temos visto! Obviamente, quanto maior for a clivagem entre a realidade interna e a realidade externa do paciente, quanto mais próximo se estiver da psicose potencial, mais facilmente a teoria da solução transsexual ganhará foros e aceitações. O homossexual que não aceita a sua homossexualidade terá tendência a ser "corrigido" dessa maneira, tanto mais convictamente quanto mais doente estiver.

Criam-se expectativas, aligeiram-se sofrimentos, adociçam-se remendos, em considerações pouco justas... Nenhum bisturi muda verdadeiramente o sexo de ninguém. O bisturi faz apenas duros arranjos operatórios, de manutenção complicada e retorno impossível, ao abrigo de desejos que podem ser mal informados, ilusórios ou delirantes. Desejos muitas vezes provindos de moedeiros falsos, sustentados em explorações de seres humanos. Neste terreno, será evidentemente mais correcto regulamentar do que impedir, mais decente consciencializar do que mentir, mais inteligente criar malhas estreitas do que fugir, pelo que se devem estabelecer regras para eventuais intervenções de conveniência. Há hoje uma posição muito crítica sobre o triunfalismo megalómano da sexologia de há dez ou vinte anos atrás, a qual difundia capacidades libertadoras, pelo lado de fora, excessivamente optimistas.

IV

Em nossa opinião...
...obscurantismos não se tratam com deslumbramentos. Nesta matéria, ambos os tipos de atitude podem ser francamente prejudiciais para a Saúde Mental das pessoas e das sociedades. Uma ideia (a sexualidade em princípio será uma ideia, só depois um acto e um facto psicossomático) não se remenda extirpando órgãos, mesmo quando sobre eles incide uma constelação ideativa radical. Nenhuma correcção cirúrgica de "per si" constitui, em princípio, solução para problemas de identidade sexual. Só em determinadas circunstâncias, muito especiais, muito estudadas, com transtorno de género muito vincado, vivido desde sempre, será possível esperar benefício neste custo/doença.

E todo este tipo de intervenção acontecerá à falta de melhor, em situações de risco, com angústias acentuadas, em desespero de causa.

LEITURAS

BOUGEOIS, M. – *Dysphorie de genre et transsexualisme*, E.M.C., Psichiatrie, 37299D 20, Paris, 1988.

BOMSTEIN, KATE – *On Men, Women and the Rest of Us*, Routledge, Nova Iorque, 1998.

NUNES, J. S. – *Transsexualismo* in *Sexologia em Portugal*, 1.º vol., Texto Editora, Lisboa, 1987.

PROSSER, JAY – Second Skins: The Body Narratives of Transsexuality (Gender and Culture), Columbia University Press, Nova Iorque, 1998.

RAUCHFLEISCH, U., BARTH, D. & BATTEGAY, R. – "Results of Long-term Follow-up of Transsexual Patients" ("Resultate einer Langzeitkatamnese von Transsexuellen") in Psychiatrische Universitatspoliklinik, Sep 98, Vol. 69, N.º 9, pp. 799-805.

REHMAN, J., LAZER, S., et al. – "The Reported Sex and Surgery Satisfaction of 28 postoperativemale-to-female transsexual patients" in Archives of Sexual Behavior, Feb. 99, Vol 28, N.º 1, pp. 71-89.

STEINER, B. W. – *Gender Disphoria*, Plenum Press Ed., Nova Iorque, 1987.

PSICOSSOMÁTICA

Apresentação do tema
por
RUI MOTA CARDOSO

APRESENTAÇÃO: "...PSICOSSOMÁTICA: O QUE SERÁ?..."

DOR NO CORPO... DOR MORAL

PSICOSSOMÁTICA ESTRUTURAL: O "FACTO PSICOSSOMÁTICO"

LACUNAS SOMÁTICAS V/S LACUNAS DE MENTALIZAÇÃO

O CORPO SABE...

ESTADO TERMINAL: DIGNIDADE PSICOSSOMÁTICA

"...PSICOSSOMÁTICA: O QUE SERÁ?..."

1. FALAR DE PSICOSSOMÁTICA hoje é sobretudo falar da ausência de um paradigma médico. Os paradigmas médicos definem, dentro da hierarquia dos sistemas naturais, um nível de organização e complexidade onde se processa a relação entre um agente patogénico e um sujeito da patogenia, seja ele a célula ou o tecido, o órgão ou o aparelho ou sistema, o sistema nervoso central ou o organismo.

Virchow focalizou a patologia na lesão tecidular, pelo que limitou o agente ao trauma e a resposta aos processos de lesão, necrose e cicatrização. Pasteur e Koch, que o acompanharam, alargaram este espectro ao agente invasor e ao órgãos, ao aparelho ou sistema invadidos; a resposta defensiva (imunológica) teve então merecimento. Mas, quando Claude Bernard e Cannon pensaram a funcionalidade circular e a dinâmica homeostática (e G. Harris descreveu o sistema neuroendócrino como integrador dos outros órgãos e sistemas), o sujeito passou a ser o sistema nervoso central e os agentes ampliaram-se em quantidade e complexidade. Num passo derradeiro, quando a relação agente-sujeito já não podia limitar-se à extensão do traumatismo e da infecção, nem sequer à da emoção ou disfunção, Selye propôs o seu conceito mais abrangente: o de *stress*, onde o organismo se instituiu como sujeito e a resposta como síndromo geral de adaptação.

O problema é então o seguinte: pode e deve reconhecer-se a relação agente-sujeito num nível epistemológico superior ao do organismo? Ou seja, ao nível da Pessoa, enquanto ser de experiência e fonte de comportamento? É que se sim, os agentes passam a estar localizados nos mundos vivenciais da Pessoa, interno e externo, e os mecanismos de resposta conquistam as dimensões do simbólico e da intencionalidade.

Mais ainda: pode e deve aceitar-se a auto-organização destes diferentes sistemas naturais, hierarquicamente constituídos em sub e supersistemas uns dos outros, num todo dirigido para a auto--organização e para a auto-informação? É que se sim (e as neurociências, a psicologia e a neurologia do desenvolvimento, bem assim como os estudos sobre o trauma e a psicanálise, parecem permiti-lo), os modelos da complexidade exigirão um estudo "naturalista" dos processos em causa, no pressuposto consensual de que os mesmos, porventura merecedores do adjectivo somático ou mental, orgânico ou psicológico, são susceptíveis de descrição e explicação pelos mesmos métodos e de acordo com os mesmos critérios "científicos".

2. Esta nova entidade conceptual – a da auto-organização de um organismo vivo e relacional, que se auto-regula incluindo, neste processo, fenómenos e dinamismos mentais e metaconscientes (quiçá com vantagem evolutiva) – é paralela à do movimento recorrente de auto-regulação, numa alteração constante dos *set points* homeocinéticos e num fluxo emergente de padrões organizativos, consoante as mudanças do meio externo e as alterações dos estados internos; auto-regulação pois, ao mais alto nível operacional, das funções moduladoras e integradoras dos sistemas somáticos (autonómico, endócrino e imunitário), intrapessoais e interpessoais.

Silvan Tomkins, Gary Schwartz e Allan Schore, em diferentes décadas e diferentes espaços temáticos, falam da importância particular da auto-regulação dos afectos, enquanto elemento central do fenómeno geral da auto-regulação, num modelo teórico, onde emoções *des-reguladas* escapam aos controlos retroactivos auto--organizadores, com eventual perturbação mórbida dos sistemas biopsicossociais.

3. Talvez falar de psicossomática hoje seja falar de um paradigma de saúde e doença, localizado a um nível superior ao do organismo – o da pessoa em situação – com base na falência dos mecanismos de auto-regulação em geral, e da auto-regulação dos afectos em particular.

Ou seja, será falar dum paradigma *metabiológico*, onde a corpo não se deixa reduzir aos limites da ciência biológica clássica e onde força e sentido, vida e intencionalidade, se confrontam numa organização e regulação recíprocas. Neste ponto, os textos "psicossomáticos" de Jaime Milheiro são, a meu ver, exemplares.

4. Metabiológico é um termo de André Green que me ocorreu a propósito deste livro. André Green clama por um retorno da psicanálise ao seu enraizamento no corpo, relembrando que não são as representações os elementos base da personalidade, mas sim os movimentos pulsionais, movimentos internos que, como todas as representações inconscientes, procuram satisfação na descarga relacional. Freud assim o reformulou por volta de 1920, reactualizando a primazia dos aspectos dinâmicos.

5. Voltar ao corpo. Ou, como quer Michel Henry, voltar à *carne*. Porque é a carne que se afecta e afeiçoa. É na carne que a afeição, a vida (*bios*) e a vivência se auto-revelam, sem nunca dela escaparem; também nunca a carne pode escapar à vivência de si-mesmo.

"Vivre c'est *s'éprouver soi-même* (...) c'est la vie qui vient en soi. La vie est un procès, l'éternel procès en lequel venant en soi, la vie s'empare de soi, s'accroît de soi, s'éprouve soi-même et jouit de soi" (Michel Henry).

Na *ek-estasia* do mundo, o corpo é o corpo exterior, o corpo--objecto da ciência; na *auto-revelação* da vida, o corpo é o corpo subjectivo, a carne, onde a vivência se instaura numa realidade invisível, um "serviço silencioso" que interfere com o soma e a mente, num comprometimento holístico que se auto-organiza e regula.

E, na impossibilidade de dirigir sobre si mesmo um olhar, a carne é sofrimento puro, porque impotente e desprovido de completude, num saber que não sabe mais nada que se saber a si mesmo, num conhecimento que não conhece mais nada que se conhecer a si mesmo. Este é o "saber...que o corpo sabe"; a vida que a ciência não sabe (ainda?).

6. Estas razões aproximam-nos da teoria dos afectos. Porque esta é o estudo da afectação pessoal pelos acontecimentos e vivências (outros designariam por "libidinização da experiência"), mas também da avaliação da importância e significância dos mesmos, permitindo o sentimento subjectivo de controlo e realização.

Os afectos, com raízes na *carne* e portadores de uma carga tensional que se compromete no acto (e-moção), incluem outras dimensões cognitivas e comportamentais, que se estendem da atenção e representação à decisão e comunicação, passando pela imaginação ou pelos mecanismos de defesa; além de que modulam os sistemas orgânicos, autonómico, endócrino e imunitário.

Uma vez internalizados, permitem ainda crescer em valores, ou seja, transmutar a dor física... em dor moral.

De facto, a capacidade de auto-regulação dos afectos acompanha a necessidade de permitir que os afectos regulem os pensamentos e comportamentos, numa conexão íntima e indivisível que unifique vivências, cognições e relações intra e interpessoais. Verbalizar a carne na possibilidade da mente, encarnar o verbo na possibilidade da carne (e suas lacunas).

Grotstein julga perceber, na evolução do pensamento psicanalítico, uma evolução do modelo de descarga, onde os afectos eram os enteados das pulsões, para o emergente estatuto dos afectos como entidades mais englobantes, verdadeiros protoconceitos que incluem em si, e subordinadas, as pulsões.

7. Uma última palavra. A "psicossomática estrutural" de Jaime Milheiro alerta ainda contra a *alexitimia* dos pensamentos canónicos do "facto psicossomático".

Porto, 26 de Setembro de 2001.

RUI MOTA CARDOSO

DOR NO CORPO ... DOR MORAL [1]

HAVERÁ ALGUMA RELAÇÃO entre a dor do corpo e a dor moral ... haverá alguma ligação profunda entre elas, entre as também chamadas dor física e dor mental?

Ambas caracterizam a espécie humana ... mas será que a primeira se pode transformar na segunda e vice-versa, ou que, em caso afirmativo, disporão duma zona interna comum?

Obviamente, não sabemos responder, embora pensemos que a resposta deva ser positiva.

Outra pergunta ainda:

Será que a Psicossomática actual, a de que normalmente se fala, concebe ou está preparada teoricamente para reconhecer essa eventual transformação? Dizendo doutro modo, será que a Psicossomática actual, se conceptualiza no texto psicofísico básico que essa transformação teria de fazer supor?

Obviamente que não, temos a certeza que não ... a Psicossomática actual ainda não dispõe de utensílios para isso ... embora em nossa opinião tenha necessidade de os arranjar, com brevidade.

---

[1] Publicado na *Revista Portuguesa de Psicanálise,* n.º 15, 1996 (Porto), numa versão diferente nalguns pontos.

DOR MORAL... NECESSIDADES... ARRANJOS

Dor psíquica, dor mental, ou dor moral é um dos afectos penosos, desagradáveis, característicos dos seres humanos. Juntamente com outros sentimentos: angústia, medo, depressão, luto, desprazer, etc., constitui uma das formas possíveis do conceito geral de sofrimento, embora cada um deles se desenrole com processos internos e relacionais sensivelmente diferentes, analiticamente separáveis. São as práticas psicoterapêuticas dinâmicas que nos fornecem essa instrução.

A dor moral excessiva ou insuportável, tal como o sofrimento em geral: quer a proveniente do vivido actual, quer a proveniente do passado inscrito e emergente, retomado pelas circunstâncias de momento ... mobiliza sempre processos defensivos antálgicos, numa engrenagem psicológica automaticamente desencadeada, no adulto. Mobiliza mecanismos de resolução, observáveis constantemente em toda a gente. Os quais podem ser negações, deslocamentos, sublimações ... ou outros arranjos e outras dores, outras soluções de compromisso, outros sintomas psíquicos ou somáticos ... ou ainda doenças organizadas, na vertente física ou mental. As manifestações psicossomáticas da leitura tradicional, na observação do quotidiano, serão disso o melhor exemplo: toda a gente sabe que realiza automaticamente a gestão da sua dor ... para esquecer, para reduzir, para sofrer menos, sem que ninguém lho ensine. E que o consegue, pelo menos em parte. Mas isso acontecerá apenas nessa condição de dor moral insuportável, ou acontecerá em todas as circunstâncias, como condição essencial de funcionamento interno de cada um?

Dum facto estaremos seguros: sem esses mecanismos antálgicos, o conceito da Psicossomática mais banal nem faria sentido. Do mesmo modo que toda a medicina e toda a psicologia o não fariam, atrevemo-nos a dizer. De qualquer modo, esta observação corrente, só por si indicia um pequeno elemento de resposta às perguntas acima colocadas, nomeadamente quanto às possibilidades de transformação duma dor na outra.

Sabemos também que, dentre os sofrimentos psíquicos possíveis, a dor moral é provavelmente o mais intenso e o mais fixado da espécie humana. E sabemos todos, por experiência, que ela se move nos terrenos primordiais da estrutura psicológica. Pertence por isso e toca a zona mais profunda do mundo interno do indivíduo, mais do que outro sentimento qualquer. As clivagens e os isolamentos psíquicos por ela despertados são provavelmente os mais acentuados da espécie. Nela também, as perturbações narcísicas e as respectivas defesas são prevalecentes, se as compararmos com as defesas relacionais: a auto-estima está sempre em grande risco, no jogo desta dor, muito mais do que na dor física. Rodeia-se por isso de anteparos pouco mobilizáveis, cristalizando investimentos poderosos do Self. E torna-se também por isso um afecto privilegiado na "construção" da doença de sentido comum, na doença "estabelecida", porque o sofrimento relacional elabora-se mais facilmente do que o narcísico, apesar de tudo.

A parte estagnada que sustenta a doença não conseguiu entrar na dinamização mental do indivíduo, por razões pessoalizadas, que só ele saberá. Será essa parte, sobretudo narcísica como dizíamos (Self corporal), que fundamentará a doença naquele corpo, naquela pessoa, a qual tomará forma, conteúdo e localização, segundo os seus parâmetros individuais.

*
* *

Há muitas formas de tentar perceber esta dor. Muitas mais formas do que na dor física, quando isoladamente considerada, utilizando vários conceitos.

Para além da perspectiva de busca terapêutica e da compreensão do seu sentido e das suas expressões, perspectiva fundamental da Psicossomática tal como a entendemos, há outras formas de sobre ela reflectir. Formas culturais, filosóficas, religiosas, etc., sobre as quais não nos vamos ocupar. Serão sempre formas respeitáveis e parcelares. Mas não podemos deixar de referir, no entanto, a propósito da cultura e do desenvolvimento, que uma certa quantidade de dor e de sofrimento foram componentes indispensáveis da sua criação. Foram mesmo elementos essenciais, na génese e no desenvolvimento dessa mesma cultura: quer da social, quer da pessoal. Facilmente se observa que esses elementos entraram na formatação do resultado actual, mesmo que porventura não tenham feito parte do desejo. Foram participantes fundamentais na atitude e nos caminhos que a cultura tomou: as diferenças culturais existentes na humanidade não serão mais até do que localizações conjunturais, determinadas pelos movimentos resolutivos dos conflitos e das "dores" psicossociais do ambiente onde se situam. Este facto, de todos conhecido, indicia-nos também a possibilidade de ponto de encontro entre uma e outra.

Na verdade, na quantidade certa, a dor está sempre implicada e participa directa ou indirectamente na dinâmica construtiva dos indivíduos e das sociedades. A descoberta do melhor processo de lidar com ela, de resolver o sofrimento em geral, juntamente com a procura do prazer e o alívio do desprazer, agrupam as essências e alicerces criativos de todo o processo humano. No seu íntimo e no seu conjunto, a cultura e o desenvolvimento acabam por ser, eles próprios, uma manobra antálgica em cada pessoa, em cada grupo, em cada sociedade, em cada projecto. Serão arranjos contra a dor, será fácil percebê-los assim. Mesmo que não haja consciência disso ou que na passada novos sofrimentos surjam, postos a descoberto pelos entretanto resolvidos, num processo natural, duro, interminável.

Tudo isso sinaliza a existência, de facto, duma outra face em cada um de nós. O patamar do momento, o chamado estado actual, não será mais do que um conjunto dinâmico onde a face oculta espreita o deslize da primeira para se manifestar. Num jogo eterno, de torno e retorno, entre alegria e tristeza, entre bem--estar e mal-estar. Num movimento que tudo arrasta. Sem sofrimento ou melhor, sem a organização elaborativa da sua ultrapassagem, no interior dos indivíduos ou das sociedades, seríamos todos deficientes relativamente ao que somos. Seríamos cavernícolas, embora também não déssemos conta disso, por estarmos todos no mesmo barco. Este dinamismo essencial, no qual habitualmente se não repara, é tão primordial na nossa espécie que só através dele a vida psíquica se inicia. Só nele começa, entrelaçada nas vicissitudes e trocas inter-relacionais da relação mãe-filho, prosseguindo e amadurecendo nos registos subsequentes.

Mas esse lado será o lado positivo da dor, habitualmente não considerado nem referido, de tal forma vivemos preocupados com o seu lado negativo e com as tentativas de a resolver, pessoais ou profissionais.

O seu lado negativo, que pode conduzir à degradação humana mais completa, quer a dor se inicie sob o ponto de vista físico quer se inicie sob o ponto de vista moral, faz parte do nosso campo de trabalho, em qualquer das formas em que a nossa actividade se possa dividir. Por isso o conhecemos e lhe tentamos estabelecer conexões, porque o resultado final é idêntico, iniciado num ou noutro lado.

Neste ponto da reflexão salientamos já dois elementos significativos:

- a importância do sofrimento e da dor no crescimento e no desenvolvimento das pessoas e das culturas, tal como as conhecemos;
- a importância das defesas antálgicas que a dor, seja de natureza física ou moral, intrinsecamente desencadeia.

A PARTICIPAÇÃO PSICOLÓGICA NA DOR FÍSICA

Na observação mais corrente, há uma conexão entre dor física e dor moral, que se evidencia na banal interinfluência ou potencialização entre uma e outra. Todos sabemos como os doentes personalizadamente vivem a dor física que realmente os atormenta, como se situam nela, como a sentem, como no seu trajecto se comportam, como usam fórmulas bastante diferentes das do vizinho. Como psicologicamente, à maneira de cada um, nela se envolvem e a toleram ou não. E como alguns até a "criam", a desenvolvem, a cultivam, a hipertrofiam. Ou como outros ainda, sempre com as suas íntimas formas de funcionamento mental, a pensam, superam, negam, depreciam ou gozam. Há indiscutíveis relações cruzadas entre uma e outra, nessas formas de reagir: quer a dor inicialmente se apresente de natureza física ou de natureza moral.

Temos de convir por outro lado, que todas estas atitudes, que supõem organizações psíquicas internas específicas, acontecem sempre em relação com alguém. Haverá sempre um interlocutor, presente ou imaginário, mentalmente representado, em qualquer tipo de "solução" ou de dor. Haverá "alguém" que receba a queixa, mesmo sendo ela de natureza essencialmente narcísica. Alguém posicionado numa escala que vai de Deus (dor suportada em misticismo, dor-castigo, remissão de pecados, etc.) até à personalidade mais próxima, que muitas vezes será um de nós. Alguém que será necessário a esse sofrimento, que pode tomar formas várias conforme o tipo de dor. Há dores que, por exemplo, nunca poderão acontecer numa ilha deserta: quando o objecto relacional solicitado for externo e necessariamente expectante ... enquanto outras poderão perfeitamente acontecer nesse total isolamento, desde que o interlocutor solicitado seja apenas um objecto interno, em devido tempo interiorizado. Será variável esse "alguém".

A valorização clínica desta vertente psicológica da dor física, a necessidade desse interlocutor (a necessidade do "outro"), torna-se mais séria ou preocupante quando observamos as estatísticas médicas que a mencionam. Lê-se que 75% dos doentes solicitam cuidados clínicos referindo "dor" localizada, nas suas queixas, mas que, nesse universo, 50% não apresentam base orgânica justificativa. O que nos indica, indiscutivelmente, um outro dado significativo quanto à interpenetração duma na outra.

Por outro lado, estes números, altamente expressivos, reforçaram a tendência para dividir a dor em "orgânica" e "psicógena"... embora seja fácil de calcular quanto de artificial ou até pernicioso se introduz ao dicotomizá-la dessa maneira. Dizemos isto porque, mesmo quando existem anatomia e neurofisiologia coerentemente referenciáveis para a dor física em questão, se verifica que alguma importância para o factor psicológico constantemente subsiste. A atitude, a crença, a fantasia, a atenção, a distracção, o estado de espírito e outros elementos psicológicos de comunicação, manifestos ou não, influenciam toda a sua intensidade e o todo o seu trajecto. Influenciam o limiar de percepção, a tolerância, a intensidade, a expressão, a continuidade, mesmo sem sintomatologia psicopatológica subjacente. Ansiedade e depressão, se por acaso existirem, acrescentarão óptimas parcelas ao alargamento da porta de entrada dessa dor e ao espaço estreito ou amplo onde ela se manifesta e desenvolve.

Haverá portanto um elemento psicológico constante, em todas as dores, mesmo na física. É uma característica básica, um fenómeno estrutural. A clínica diária assim esclarece e as várias psicometrias utilizáveis também. Embora estas tentativas psicométricas de clarificação descritiva dos aspectos psicológicos da dor não sejam fáceis e tenham até hoje resultado em numerosos conceitos, nem sempre claramente concordantes. Têm-se também traçado dispositivos quanto ao seu enquadramento nas nosografias psiquiátricas, tem-se tentado isolar o seu papel, diagnosticar a partir daí, sem benefício significativo. Têm-se aplicado em histerias, hipocondrias e noutras patologias que envolvam o corpo, de forma funcional ou de forma simbólica, mesmo que os sintomas não se limitem à dor e haja um conjunto sindromático classificável doutra forma. Mas sem grande sucesso também e sem grande interesse prático, diga-se de passagem, porque a vertente psicológica será notória em toda a patologia e, "pior" do que isso: será de isolamento impossível.

Até porque a chamada "dor psicógena", ou seja, a dor sem patologia orgânica explicativa ou sem distribuição anatómica coerente com o sistema nervoso, tem muitas vezes a componente emocional suficientemente inconsciente para não ser fácil de discernir. Isso acontece, por exemplo, nas estruturas psicossomáticas, mais visivelmente ainda nas suas situações crónicas. Mais difícil será ainda percebê-la quando existirem disposições masoquistas significativas ou quando existirem formas de relação objectal impregnadas de sadismo, reflectido sobre o próprio corpo.

Nos casos de dor moral mais característicos, trata-se de conjuntos emocionais determinados por traumatismos ou carências relacionais infantis. Foram abusos, violências, abandonos, frustrações, rejeições... acontecidos na relação infantil, ressentidos no presente. Acontecidos com um interlocutor no passado, em busca de interlocutor no presente. Os quais se tornam complicados na prática profissional, porque a sua difícil compreensão aumenta o mal-estar em muita gente, técnicos incluídos. Podem despertar nestes últimos atitudes apressadas ou excessivas. A mobilização mal aceitante do terapeuta, a designação utilizada às vezes como arremesso ("hipocondríaco", "neurótico", etc.) será já sinal disso mesmo. O que pode reactivamente contribuir para a exacerbação da dor em si mesma, sempre que o doente tome essa designação como pejorativa ou a interprete como forma de incompreensão. Mesmo que intencionalmente não o seja ... embora muitas vezes o possa ser.

Salientamos agora, além dos elementos atrás citados, estes outros elementos significativos na dor:

- a variabilidade pessoal do sentir;
- a importância do "outro" na dor de qualquer tipo;
- a necessidade do interlocutor.

*
* *

Nessa linha de pensamento, teremos de perspectivar que a "dor psicógena" acontece como via expressora de algo que não pode ser comunicado doutro modo. E que na componente psicológica da dor física também isso necessariamente se passará. Num e noutro caso, relacionalmente, a dor sinaliza uma via de comunicação aberta mas não verbal. O que exige, por parte de quem recebe, tempo de relação e tempo de presença, além de espaço de conhecimento e reflexão, para compreender e proporcionar uma eventual elaboração secundária do sofrimento. A dor será sempre um apelo, ou mesmo um grito altamente exclamativo, provindo do mundo interno do doente. Um grito das suas necessidades. No fundo, a "dor psicógena" acontecerá como solução de compromisso entre a dor física e a dor moral, sentida no corpo, o que novamente responderá um pouco às questões do início do texto.

A dor deste tipo distinguir-se-á portanto apenas por uma questão de grau, da dor moral efectiva e da dor física. E todas elas nos indicam, de forma mais ou menos acentuada, a existência dum mundo interno pessoal, de que falaremos mais tarde. Algumas curiosidades de exercício à volta de qualquer delas, exemplificadas no chamado efeito placebo ou na ausência de dor em lesões orgânicas vividas em formas particularmente intensas sob o ponto de vista emocional (heroísmos situacionais, de raiz física ou mental), encaminham-nos igualmente nessa direcção. Encaminham-nos para a consideração desse mundo interno e para a importância da sua organização, em qualquer tipo de dor. Mundo onde muito de tudo isto se desenrola e se passa. Mundo sobre o qual vale a pena reflectir, como vamos ter ocasião de observar nas situações que apresentaremos.

Mas antes de o fazermos, vamos lembrar ainda, de forma brevíssima, alguns dados relativos à dor crónica de sentido físico, porque estes dados também nos ajudam a compreender e nos empurram para esse mesmo mundo interno. Acrescentam outras pequenas notas quanto à possível transmutação entre a dor física e a dor moral. Avolumam elementos reflexivos quanto à procura duma teoria unitária da dor.

DOR CRÓNICA... DEPRESSÃO

A clínica da dor cónica propicia-nos de facto dados significativos. Tem-se associado frequentemente dor crónica e depressão, de forma descritiva. A natureza dessa associação permanece no entanto pouco clara, na literatura médica habitual, apesar de ser geralmente admitida. Alguns consideram que a dor crónica será mesmo uma depressão; para outros será apenas um sintoma de depressão.

A relação entre elas baseia-se em dados clínicos, mais ou menos sedimentados, em observações que sempre se mencionam. Resumindo... no texto da dor física crónica e da depressão:

- Há sintomas neurovegetativos e neuroendócrinos comuns.
- Há queixas dolorosas frequentes nos quadros depressivos.
- Há conflitos afectivos à vista em muitos doentes com dor crónica.
- Há por vezes resultados terapêuticos significativos com antidepressivos na dor crónica.

Por norma, a literatura médica não se ocupa das estruturas psicológicas mais profundas dos doentes considerados, nem refere o "quantitativo" de dor moral eventualmente implicado ou observável na sua dor crónica. Mesmo quando descreve e assegura uma relação complexa entre uma e outra.

Mas, torna-se evidente, que os dados referidos, apesar de superficiais quanto à essência da questão, têm aceitação generalizada porque se baseiam em algo que toda a gente dentro de si mesmo pressente. Todos nós, se reflectirmos um pouco, tendencialmente associamos dor crónica e depressão, sem necessidade de qualquer estudo científico a confirmar.

Os estudos realizados centram-se no tipo de depressão, no tipo de dor, na localização da dor, no tempo relativo de dor-depressão: aferem-se na avaliação de tudo isso, através de testes psicológicos e de escalas experimentadas. Hoje afirma-se mesmo a existência de subgrupos de depressão, nosograficamente susceptíveis de identificação, em pacientes com dor crónica. Aplicando esquemas de diagnóstico associados a dados neurobiológicos e aprofundando a sua relação com as estruturas psicológicas em questão, será de supor uma clarificação progressiva no futuro, de fundamental importância para a Psicossomática.

Mas, noutro tipo de estudos clínicos, de natureza psicodinâmica, há já caminhos conhecidos no aprofundamento desta relação dor/personalidade. Os psicanalistas associam a dor de sentido moral (situação onde isso é mais facilmente observável do que no sentido físico, embora neste exista também em certo grau), a sentimentos de perda em turbulência, coloridos de fantasmas depressivos. Não sendo obrigatório para isso, a depressão já instalada como tal. Associam "dor" a uma condição de "depressividade", instalada ou apenas temida, condicionadora duma estrutura psicológica com funcionamento sensivelmente bloqueado. Funcionamento que se gerou e se mantém em condições perturbadas, que desaguam na chamada "ausência de pensamento", ou no "não pensamento". O indivíduo nessa circunstância "não pensa", impossibilita-se de pensar, para pensar apenas nos seus conteúdos estagnados. Tem intensas dificuldades em estabelecer pontes entre passado, presente e futuro, entre as várias gavetas do espaço e do tempo psicológicos, as quais, nesse processo, se fecham umas ás outras. O indivíduo não consegue de todo, ou consegue mal, uma fluida comunicação interna (intrapsíquica) ou a externa (interpsíquica), comunicações que em circunstâncias normais são conseguidas por toda a gente sem sequer disso cuidar, com dor ou sem ela. Essa depressividade sedimenta-se a partir duma posição depressiva inicial, na relação precoce da criança com a mãe, em volta de sentimentos de perda que não foram elaborados, e que, tornados inconscientes, dispõem de poderosa força de atracção.

Este conhecimento psicanalítico, acrescentado às descrições psicológicas mais superficiais e cognitivas, acaba novamente por nos evocar a extrema importância do mundo interno nestas questões sobre a dor. Encaminha-nos para a relação entre o que somos por dentro e as dores que temos ou sentimos por fora ou para fora. E para a verificação de que, para além da dor psicógena, afinal apenas uma variante mais "psicologizada" da dor física, a dor moral da depressividade de base, em todas participa, isoladamente ou no conjunto.

Salientamos agora, acrescentando aos elementos significativos anteriormente citados:

- a importância do mundo interno do sujeito na dor.

*
* *

Havendo comprovadamente como se vê, na clínica, múltiplas interinfluências entre dor física, dor moral, dor psicógena... entre todas as dores que o processo descritivo da medicina habitual separou... várias interrogações se deverão retomar. Conhecendo todos estes elementos:

Qual será a relação interna entre os vários tipos de dor?

Será de facto possível conceber uma teoria geral da dor, uma teoria que coerentemente todas englobe?

E se for possível, qual será o seu interesse na prática clínica?

DUAS SITUAÇÕES

Socorramo-nos de duas situações de dor, fora da clínica, para prosseguir a reflexão e para, dalguma forma, tentarmos responder a essas questões.

1.ª situação:

Criança de 11 meses, a brincar na praia, cai dum cadeirão. Arranha o pé que fica ensanguentado. Grita furiosamente, com dor. Agita-se, move a cabeça, ansiosa, de braços no ar. Olha incontroladamente em redor, num movimento contínuo, à procura de alguém. Certamente alguém especial, definido, porque nem repara nas pessoas próximas que a procuram socorrer. Surge finalmente a mãe a correr, com ruído, também ela muito ansiosa. Agarra a criança, levanta-a, beija-a com intensidade no pé arranhado, no local da dor. Abraçam-se, apertam-se, o mais que podem. Surpreendentemente (para nós), o choro pára de imediato. Pouco depois a criança já brinca de novo, embora com necessidade da mãe ao lado. Até que esta pouco a pouco se afasta, regressa ao local donde tinha vindo. Com intervalos cada vez mais dilatados a criança certifica-se, com o olhar, da sua presença, até ficar completamente tranquila. Prossegue depois o jogo sozinha, sem problemas, sem choro, sem "dor".

A dor física permanece clara (o arranhão é bem visível), mas não tem qualquer importância. A criança não tem dor, não sofre, não chora... a mãe estava lá.

Comentário:

Foi muito mais importante e antálgica a presença da mãe, a sua resposta comunicante no carinho manifestado, do que o tratamento físico do pé. A mãe tratou a dor física com a sua presença e com o seu sofrimento, expressos na forte vinculação ao local dorido. Tratou a dor através dum beijo fusional, numa transfusão com o filho. A criança teve a certeza e a segurança de que uma identificação mútua entre as duas aconteceu. O abraço apertado completou o movimento, transformando-as completamente numa só. A partir daí, deixou de haver dor em todos os sentidos, moral ou físico, restando apenas alguma ansiedade sob a forma de receio de que o pronto-socorro desaparecesse. De que a mãe se ausentasse. Ameaça entretanto resolvida, embora continuasse potencial. A ansiedade substituiu a dor moral, que por sua vez já tinha substituído a dor física.

E se a mãe não aparecesse? E se aparecesse mas não fosse "suficientemente boa" para assistir à dor física e participar na sua transformação em dor moral, solucionando-a por essa via? E se não fosse continente suficientemente reassegurador dos fantasmas de perda, ou não pudesse fornecer resposta empática e segura à criança, através daqueles movimentos absorventes da dor, verdadeiramente transfusionais?

Podemos dizer que deixou de haver destrutividade (doença?) no sentido físico ou no sentido psíquico, porque deixou de haver dor naquela situação. Tudo dinamicamente se mobilizou. Não se tratou, em nossa opinião, duma mera alteração do quantitativo da dor. Tratou-se fundamentalmente da forma como a dor-afecto se integrou na relação mãe-filho. Como a dor física se transformou em dor moral.

Será sempre racional, no entanto, interrogarmo-nos se em vez de transformação duma dor na outra como referimos, não estaremos apenas a presenciar graus de tolerância e valores relativos duma e doutra, com apagamento por essa circunstância. Julgamos não ser só isso. Julgamos haver passagem e deslocamento do afecto que a dor intrinsecamente constitui. Julgamos haver uma "transfusão" afectiva, tendo em conta inevitavelmente o mundo interno das duas pessoas presentes.

Será isto possível no adulto, portador dum aparelho psíquico organizado, já estabilizado, quando a mãe real não estará certamente presente nem será tão vitalmente necessária?

Vejamos uma segunda situação, que dalguma forma responde a esta questão.

2.ª situação:

H. vive fora de Portugal, ininterruptamente, há mais de 30 anos. Trabalha em alta tecnologia, em língua francesa ou inglesa. Operado recentemente em Paris, a um tumor do ouvido interno de acesso difícil e traumatizante (nove horas de intervenção), acordou da anestesia com intenso medo de morrer. Pela gravidade da situação, de que estava ao corrente, e pela dor física intensa que no momento sentia, convenceu-se que não teria qualquer hipótese de sobrevivência. Iria morrer. "Encolheu-se" então apavorado, entrando numa espécie de torpor regressivo. Sem saber como, começou a ouvir uma música estranha, vinda nunca soube donde. Música que mais ninguém ouvia, que progressivamente o foi envolvendo. Sinfonias lindíssimas, harmonias intermináveis, composições profundamente tranquilizadoras. Acabava uma, outra se lhe seguia. Músicas que não se lembrava de ter ouvido, muito menos de ter decorado, porque nem sequer foi disso grande cultivador. Se o despertavam, por razões alimentares ou outras, abreviava tudo sem explicar nada, com pressa de novamente mergulhar naquele extraordinário embalo.

Esteve assim 36 horas. "Acordou" com muito menos dor física e, sobretudo, com muito menos dor moral. Sentia-se muito mais seguro de si, muito mais convencido da possibilidade de sobreviver, embora racionalmente nada tivesse mudado. A música "infelizmente" não voltou, apesar dos múltiplos esforços e procuras que nesse sentido desenvolveu.

Algumas das sinfonias tinham coros maravilhosos, cantados em português, a longínqua e pouco utilizada língua maternal da sua infância.

Comentário:

H. tinha internamente, no seu mundo interior, os meios antálgicos funcionais que a criança ainda teve de procurar fora (a mãe) por não os ter suficientemente formados.

Não será difícil nem muito forçado supor, por parte de H., um pedido de socorro a essa mãe longínqua da sua infância, interiorizada, inconsciente, no momento mais vital da sua existência. Apelo feito num dinamismo automático, sem qualquer consciência disso. Mãe que surgiu alucinatoriamente, embaladora, musical, compensatória da dor física acentuada e da dor moral; mãe antálgica, reasseguradora duma existência que deixou de estar perdida a partir daí. De forma semelhante à da criança da praia. Embora essa mãe fosse agora um objecto interno, uma representação inconsciente, uma sólida peça constituinte do seu mundo pessoal.

Tal como na criança, houve uma passagem da dor física à dor moral, ressaltando-se no movimento a enorme importância da "presença" e da resposta dessa figura relacional privilegiada, para a sua resolução.

*
* *

Esta espécie de transformação duma dor na outra, indicia-nos uma larga zona operacional, comum ás duas, paulatinamente orientada num ou noutro sentido, conforme a situação privilegia o lado orgânico ou o lado moral. E indicia-nos também que uma participação conjunta terá sempre de existir, em nossa opinião.

A transformação aconteceu nas duas situações, na criança e no adulto, embora de forma diferente. Pensamos que isso será uma característica da espécie humana, fruto da sua total dependência "do outro", nos estádios infantis. E que esse outro desempenhará sempre um papel de relevo na dor, qualquer que seja o seu tipo. A dor necessitará sempre dum interlocutor, como dizíamos, que originariamente foi alguém especial, como agora se percebe melhor. H. conseguiu, certamente por razões de estrutura pessoal e de situação (intervenção no ouvido, afastamento do seu País), esse interlocutor alucinatório admirável, através dum processo inconsciente, que se revelou raro na operacionalidade e na eficácia. Conseguiu ser, automaticamente, de certa maneira, médico de si próprio. Pode refundir a sua confiança pessoal e a sua auto-estima, ou seja o seu narcisismo fragilizado.

Qual será o papel do terapeuta como interlocutor?

INTERPRETANDO

Nestes exemplos ultrapassa-se largamente a mera verificação da subjectividade quantitativa da dor que a expressão "dor psicógena" salientava e que uma leitura superficial da Psicossomática às vezes quer fazer crer. Passa-se para a análise da dor em si mesma, para a sua consideração como fenómeno afectivo e mental.

Passa-se do estudo das suas consequências e das suas formas de expressão personalizadas, para o estudo das suas origens, dos seus trajectos relacionais, do seu vivenciar narcísico no interior de cada um, da sua importância na relação com os outros. E para a eventual importância da prática clínica vista deste lado, sem que isso signifique esquecimento da outra parte ou da neurobiologia.

A subjectividade traduz o nível de ansiedade presente na situação e os mecanismos de defesa estruturais (inconscientes) na ocasião postos em movimento. Mas "ansiedade" não se confunde com "dor". Ansiedade será uma reacção a sentimentos de ameaça, a perigos presentes ou imaginários. Perigos que podem sinalizar perdas, reais ou fantasmáticas, verosímeis para aquela pessoa. Mas só quando a perda acontece de facto, no real ou no fantasma, o sentimento passa a ser de dor, diferente da ansiedade, seu estado prévio.

A resolução interior da dor da perda implica um trabalho em grande parte silencioso, designado habitualmente, no caso da melancolia, por "trabalho de luto", de tempo e intensidade proporcional ao valor narcísico do acontecimento e ao dinamismo relacional participado pelos objectos internos do portador.

*
* *

No processo de desenvolvimento infantil, a partir do 8.º mês (angústia do estranho, R. Spitz) os sentimentos de perda passam a referenciar-se ao objecto total, a referenciar-se à mãe já reconhecida no seu todo pessoal e diferente, vital para tudo o que acontece.

Mas, nessa altura, a criança não pode ainda distinguir uma perda temporária duma perda definitiva, porque as representações internas desse objecto maternal, seu suporte afectivo e contentor, não estão ainda suficientemente formadas nem solidamente estabelecidas. Por isso, nos momentos de dificuldade, na dor física por exemplo, não ter o seu socorro à vista significará a certeza do seu desaparecimento. Significará a sua perda, sem regresso. Ou pelo menos o grave risco de que assim seja. Ela ainda só existe no exterior, perdê-la é perder-se. Este fantasma – "toda a perda é definitiva" – envolve sempre a dor moral infantil e continua potencial em toda a gente. Apesar do desenvolvimento natural proporcionar múltiplas experiências reasseguradoras e a criança ir tomando progressiva consciência de que a desaparição da mãe pode ser seguida da sua reaparição.

Há muitas pessoas, no entanto, que nunca ultrapassam esse fantasma. Toda a vida funcionam nesse registo, em grau maior ou menor. São depressivos potenciais ou depressivos crónicos, com depressividade constantemente presente, mesmo que muitas vezes nunca cheguem a apresentar um quadro depressivo formalizado. Têm óptimas condições psicológicas estruturais para se tornarem portadoras de dor crónica, no sentido físico ou moral, quando for caso disso. Todos os fantasmas de perda que a dor orgânica desperta se adicionam a esta sua condição de base, podendo a dor intensificar-se e cronicizar por isso. São doentes que passam da ansiedade normalmente resolúvel para uma dor moral estabelecida e fixada, onde o "luto" não se faz. No seu mundo interno a perda é uma certeza, contra a qual não há nada a fazer: a não ser suportar a respectiva dor, vertida em depressão ou em dor orgânica crónica, se a doença justificar a localização. A mãe não chega nunca, ao contrário da criança da praia. Nem o médico a pode fazer chegar nunca, mesmo "dando-se" a isso e utilizando os poderosos instrumentos de que dispõe. A música não vem, o embalo maternal não chega.

Nesse sentimento de perda mantida, clivada, o indivíduo olha-se também a si próprio, como não podia deixar de ser. E receia igualmente a perda de si, ou de partes de si, sobretudo das partes tornadas dolorosas ou sensíveis pela doença (cancro, por exemplo). Reproduzirá com cada uma dessas partes o mecanismo utilizado para a dor moral globalizada. Perder fastasmaticamente uma parte será perder-se no todo, toda a perda será definitiva como dizíamos. Organiza então um intenso investimento afectivo do órgão doente, cuja perda teme, porque se pode perder (morrer) ao perdê-lo. De novo como a criança da praia relativamente à mãe. De novo a música não chega.

Investimentos narcísicos focalizam-se então, operacionalmente, nesse órgão doente onde tudo se vive, enquanto o resto do corpo se esvazia e quase deixa de contar. Tal como deixam de contar as outras representações, as outras pessoas, todo o mundo exterior. O indivíduo só pensa na dor, no órgão que dói, na sua perda. Só isso existe, nada mais interessa: não pode pensar mais nada, como na situação depressiva estagnada, que atrás referimos. Quando a dor provém dum órgão interno, o movimento é tão vivo que muitas vezes se faz acompanhar da sua figuração espacial, por forma alucinatória. O doente "vê" o órgão doente cuja perda teme, vê o fígado, o coração: desenha-o no espaço para o conservar ou corrigir, sobretudo para o não perder.

Faz com o órgão o que a criança da praia faz com a mãe, num movimento dinâmico inconsciente do seu mundo interno. Acordado ou em sonho, de tal forma a ele (ela) está vinculado. Há um verdadeiro pânico de perda de substância, que conduz a uma grave ferida do narcisismo.

NO TRATAMENTO...

A transformação duma dor na outra, de forma intrínseca, será certamente assunto não resolvido neste artigo. Mas todos os dados apresentados nos encaminham nesse sentido.

Na clínica, se conseguirmos que o indivíduo dinamize outro tipo de relação, para fora de si, que invista algo exterior, isto é, que melhore o investimento objectal, em detrimento de narcísico, através da relação com um interlocutor, as dores corporais podem reduzir-se. Podem produzir-se menos, podem tornar-se apenas potenciais ou inconscientes. O investimento narcísico concentrado no órgão doloroso deslocar-se-á desse modo, a economia psíquica torna-se diferente. O que não será fácil de conseguir. Dependerá muito do nível de regressão apresentado pelo doente, da sua "necessidade" depressiva infantil, da sua capacidade íntima de dinamizar o luto, da relação estabelecida com o interlocutor-terapeuta.

*
* *

A dor física e a dor moral conjugam-se no bloco psicofísico que é a espécie humana, em nossa opinião. Interagem-se, transformam-se entre si, de forma tanto mais fácil quanto mais jovem for o indivíduo. Quanto mais próximo estiver ainda do processo de organização.

A dor física existe desde o início, desde o parto. A criança, estimulada neurologicamente, quando nasce chora por isso. Chora porque sofre a perda das condições ideais de conforto em que estava embebida. A aquisição da possibilidade de dor moral acontecerá mis tarde, evolutivamente, pela necessidade absoluta que a espécie tem de se relacionar com alguém de quem depende (a mãe preciosa, musical, indispensável). A dor física e a dor moral conjugam-se no temor da perda definitiva que sempre existe no mundo interno de cada um, medo que, em última análise, corresponde ao medo da separação, do abandono, da morte.

Seria interessante saber se nas outras espécies, onde todos supomos que a dor moral existe pouco ou nada, porque o animal irracional não conhece a mãe, isso se passará. O animal não terá uma representação interna organizada, porque dela não teve necessidade absoluta para sobreviver. Não depende tanto da mãe, nem fantasia angustiadamente a sua perda. Seria interessante saber, dizíamos, se a dor física teria escalas de intensidade comparáveis às vividas pelo ser humano em condições de lesão ou agressão semelhantes. Supomos bem que não.

*
* *

Estas observações permitem-nos ver melhor o caminho psicológico na terapêutica possível da dor. "Transformá-la" em dor moral e depois fazer desta uma elaboração secundária (fazer o luto) será o ideal teoricamente.

Poder pensar a dor sozinho ou com alguém, será portanto a forma superior de a resolver ou de estar com ela: será a forma mais elaborada de viver a dor física a que não podemos fugir. Mas esse posicionamento elevado poucos o podem alcançar, de forma satisfatória. Será sempre um alcance parcial, porque o medo de morrer, que corresponde à separação definitiva na criança da praia, é universal. Mas vale a pena tentar.

Conhecendo um pouco mais a vertente interna da dor moral e a sua conjugação processual com a dor física, poderemos no entanto desenvolver, mesmo sem grande esforço, uma via relacional compreensiva e uma presença terapêutica mais próxima, mais útil no nosso trabalho quotidiano.

Estaremos nessa altura no caminho da verdadeira Psicossomática Estrutural que, pensamos nós, se concebe e se começa a partir daí. Uma concepção psicossomática bastante diferente das até agora desenvolvidas, tanto quanto sabemos, que procuraremos teorizar.

CONCLUINDO

Com todos estes dados em conjunto, parece-nos poder asseverar a transformação duma dor na outra, em grau apreciável. E que todas as dores possíveis do ser humano, físicas ou mentais, partiram dum "sofrimento" originário, ganhando forma e sentido no trajecto vital de cada um. Assunto a aprofundar.

BIBLIOGRAFIA

FREUD, S. (1917) – Mourning and Melancholia, S. E. 14.

FREUD, S. (1926) – Inhibitions, Symptoms and Anxiety, S. E. 20.

GREEN, A. (1983) – *Narcisisme de vie, narcisisme de mort*, Minuit, Paris.

MELZACK, R. WALL, P. (1982) – *The Challenge of pain*, Penguin Books Ltd., England.

PONTALIS, J. B. (1977) – *Entre le rêve et la douleur*, Gallimard, Paris.

SWANSON, D. W. (1984) – "Chronic Pain as a Third Pathologic Emotion", *Am. J. Psychiatry*, 141:2, Fev. 1984.

VÁRIOS AUTORES (1991) – "La douleur et la souffance psychiques", *Revue Française de Psychanalyse*, n.º 4.

RESUMO

Após referir diferenças descritivas entre os conceitos de dor física, dor psicógena e dor moral, o autor, através de dois exemplos retirados do quotidiano, procura estabelecer conexão entre eles, numa perspectiva unificadora, psicossomática, que possa conduzir a uma teoria geral da dor. Sugere a transformação duma dor na outra, valorizando e desenvolvendo a importância e a constante participação do mundo interno nesse movimento. Refere depois os planos relacionais e narcísicos na criança, no dimensionamento e resolução dessa mesma dor, partindo para a sua eventual utilização no campo terapêutico.

SUMMARY

After reporting describable differences beteween physical, psychogenes and moral pain concepts, the author seeks to establish a connection among them through two examples of daily life, in a unifying perspective, psycossomatic, which brings to a general theory of pain.

He suggests the transformation of a pain in anotherone, emphasizing and developing the essentialness and constant participation on the internal world on that move. He refers afterwards both narcisical and relational plans in the creation, dimensioning and settling of that pain, leading to an eventual psychotherapeutic use of it.

PSICOSSOMÁTICA ESTRUTURAL: O FACTO PSICOSSOMÁTICO [1]

PSICOSSOMÁTICA ESTRUTURAL

NO FIM DO SÉCULO mais científico da História, temos igualmente a impressão de estar no fim duma época: quanto à teoria e quanto à prática da Medicina, quanto à conceptualização da Saúde e quanto à leitura da Doença. Existem mudanças previsíveis, em vários ângulos anunciadas, sobre o conhecimento do funcionamento do ser humano, que a isso obrigam. São aprofundamentos recentes. Estaremos no fim duma época quanto ás considerações fundamentais sobre o conjunto funcionante que cada indivíduo representa. Tudo leva a crer que os caminhos do futuro terão necessariamente de se orientar, fazer eco, investigar, no sentido do que à falta de melhor, costumamos designar por "Psicossomática Estrutural". Acentuar-se-á o conceito de "Facto Psicossomático", que a ciência actual não consegue ainda suficientemente descortinar, muito menos esclarecer. Há muito trabalho a percorrer. Faltam-nos certezas.

---

[1] Publicado no número 2, vol. 1, da *Revista Portuguesa de Psicossomática,* 1999, Porto.

As linhas de pensamento que proporcionaram ciência e actuação brilhante na Medicina de órgão que conhecemos, do mesmo modo que as tecnologias aplicadas à terapêutica que muito justamente têm espantado a humanidade com acesso, vão continuar a fazê-lo. Mas essas linhas, que marcaram o nosso tempo, apertaram-se progressivamente; afastaram-se sem regresso do sofrimento específico do portador individualizado. Excessivamente cegas e impessoais, vêm-se encaminhando no sentido do maquinal ossificado. Vêm pisando o risco, acercando-se duma zona onde se tornam completamente artificiais ou apenas contemplativas e complacentes de si próprias, se não houver correcção de rota. Impõem-se mudanças, no ângulo de leitura, na observação, na conceptualização. O prosseguimento dos conhecimentos e desenvolvimentos não desvanece nem põe em causa o descoberto até agora, mas questiona definitivamente a sua possibilidade de integração no conjunto da Pessoa, se se mantiverem nessa forma de expressão parcializada.

Aprofundamentos sensíveis e abertos salientam, efectivamente, as insuficiências nas gavetas de estudo compartimentado que as ciências até agora estabeleceram. Qualquer técnico minimamente atento o descortina na prática. Áreas múltiplas: nas ciências físicas e nas ciências humanas, no infinitamente grande e no infinitamente pequeno, tanto na vertente orgânica mensurável em grupo susceptível de comparação, como na vertente psicológica incomparável dos indivíduos, acrescentam enormes sobressaltos. Descobrem-se dinâmicas e influências, muito para além das partes ou da soma delas.

Actualmente, a grande questão será o funcionamento global, que depende de regras, princípios e movimentos mal conhecidos. É nessa encruzilhada que nos encontramos, na encruzilhada da globalização, suportada e concebida numa estrutura funcional e funcionalizante na Saúde e na Doença.

O caminho que se vislumbra, dir-se-ia um caminho paradoxal, porque aparentemente vai contra a corrente da cultura: mas não é de facto assim. Foi a inteligência de cada uma das partes que obrigou a aproximação de todas entre si, numa espécie de retorno aos ângulos de observação gerais do passado. Aprofundar dentro do isolamento acabou por abrir janelas de interrelação, evidenciando sobredeterminações de todas em todas. Mas, como sempre acontece na história das ciência e das ideias, os avanços acarretam perdas às vezes mal suportadas. Gerar novas visões e necessidades desencadeia resistências. Encaminhar mudanças também é perder, o que só por si inquieta pessoas e circunstâncias. Os observadores mais avançados terão neste aspecto muito que cuidar.

Mas, ninguém duvida, foram os avanços do conhecimento que introduziram a Medicina Psicossomática actual. É a partir dela que, continuando o seu movimento, nos encaminharemos para uma Psicossomática Estrutural, em novos horizontes. É sobre este presente e sobre o presumível futuro que vale a pena traçar alguma reflexão.

DICOTOMIAS

Na história das ciências do homem, um dos factores mais limitativos do conhecimento foi a divisão conceptualmente fixada entre corpo e espírito. Muito antes da divisão do corpo em fatias ou órgãos desafectados, separados uns dos outros, como a Medicina deste século propôs e na prática oficializou, já essa dicotomia corpo/espírito funcionava radicalmente. Com restrições e prejuízos tornados agora muito evidentes, imperiosos de reparar. Muros e Tordesilhas doutras origens foram aproveitados pela ciência e solidificados nesse texto separador, dentro das instituições, dentro das cabeças, dentro das perspectivas dos profissionais. Dentro da cultura. Por isso, o universo envolvido continua solidamente mal preparado para se modificar. Alterar paradigmas será complicado, só alongando muitíssimo no tempo; porque vivemos e respiramos nessa atitude desde sempre.

Para além disso, apesar de focos e iluminações em muitas zonas, carecemos também de condições essenciais (teóricas, práticas, investigacionais) para as novas linhas que pouco a pouco se irão adivinhando. A estrutura do "facto psicossomático" será o caminho do futuro, mas não sabemos exactamente como navegar no seu segredo. Não temos a conjuntura de o fazer, por enquanto. Titubeamos em zona escura, numa espécie de infância da arte, com as dificuldades da criança que se move sem objectos internos claramente definidos. Por falta disso e por falta de redes de apoio científico suficientemente demonstradas e utilizáveis, é difícil simbolizar nesta área. Não atingimos, para já, a possibilidade de condensação que proporcione perceptibilidade controlada ao desconhecido antevisto. Situámo-nos inquietos, numa visão semelhante à dum quadro bonito mas sem moldura, sem o arco fechado que clarifique e proteja a insegurança do leitor. Sem moldura falta fronteira, não existe faixa separadora para tranquilizar. A linguagem que, antes de se tornar um objecto em si, foi construída e constrói o mais elevado e eficaz instrumento de simbolização que conhecemos, também ainda não foi claramente encontrada. Mas, não haver segurança sobre a coisa não significa que ela se deva ignorar, obviamente.

Há inseguranças de comunicação ... faltam-nos certezas ... faltam-nos palavras ... faltam-nos caminhos ... faltam-nos definições. Mas temos a certeza que vamos por aí. Talvez nos falte também ousadia e graça. A ciência dos nossos dias não é somente confinável ao laboratório; não se baseia nem se suporta exclusivamente numa tecnologia e no seu resultado. Criatividade será preciso, com alguma fantasia.

POSIÇÕES VÁRIAS

É por isso que na Psicossomática actual não sabemos ainda, em mutualidade aceite, como exactamente dizer ou partilhar o que cada um de nós, cada grupo, cada escola, pressente ou encaminha. Embora no aliciante da perspectiva todos reconheçam a sua própria justeza e, em princípio, aceitem e reconheçam justeza na leitura dos outros. Mas cada um salienta a sua, investiga e trabalha nessa parte, sempre limitada, não abdica dela por norma. O problema será a novidade, a dificuldade de campo, a transmissão ... além da própria concepção do conjunto.

Na verdade, é possível ainda hoje falar de Psicossomática reduzindo-a à verificação das influências psicológicas sobre o adoecer somático e ficar por aí, como se para facto tão óbvio fosse necessário investigar. É possível também ainda atribuir-lhe apenas objectivos metodológicos, destinados a estabelecer conexões entre o sintoma somático e o psiquismo particular do portador, procurando atribuir-lhe especificidades que, além de falsas, uma vez mais se limitam ao parcial e ao órgão. É igualmente possível ainda falar de Psicossomática restringindo-a a dissertações psicológicas, psicanalíticas ou outras, onde o corpo de tão longínquo parece ter sumido. Que deixam a impressão de que o referem apenas porque não é de todo possível deitá-lo fora, embora nas entrelinhas totalmente se isole, esqueça e dispense. Nessas passadas, será possível falar de alexitimias, copings, perfis psicológicos, pensamentos operatórios, carências de mentalização, impasses, somatopsicoses, etc., em posturas totalmente psicologizantes e verbais. Que por vezes mais parecem exercícios pseudoclínicos, arquitectados para demonstrar o antecipadamente suposto, do que preocupações sobre o desenvolvimento acoplado num verdadeiro clima de investigação. Onde a curiosidade parece ter sido substituída por pouco consequentes propósitos de afirmação.

É possível também ainda falar de Psicossomática como se algumas doenças o fossem e outras não. As outras seriam exclusivamente psicológicas, como se quando doesse o pé magoado da criança na praia não fosse a criança que sofresse mas o pé: ou seriam exclusivamente somáticas, como se não pertencessem a ninguém nem sequer à pessoa que se queixa. Como se as chamadas "dor física" e "dor moral" não fossem íntimas daquele ser humano, intermutáveis em certa medida, pelo menos no início do trajecto e no fim, mesmo depois de definitivamente estabelecidas e dominantes num lado ou noutro. Como se não fossem parcelas conjuntas duma conta de somar, onde a ordem dos factores é muitas vezes arbitrária e irrelevante.

Por outro lado, quando se teoriza sobre corpo/espírito procurando unificar, por norma alonga-se ainda sobre a relação entre as duas partes, conservando-as irremediavelmente separadas sem dar por isso. É muito curiosa a situação. Sem reparar, pensa-se muitas vezes e age-se mantendo a dicotomia estrutural ao pretender teoricamente remediá-la. Termos ou conceitos como: analogia funcional, influência, equivalência, homologia, simultaneidade, interrelação, conjugação, representação duma parte na outra etc. ... usados inúmeras vezes para relacionar o que se passa entre o corpo e a representação mental desse mesmo corpo, ou entre o corpo e o psiquismo, não são mais do que a manutenção dessa separação, se nos dermos ao cuidado de reflectir. Serão termos passageiros, porque tudo continua igual, no mesmo tipo de formulação, prolongando uma espécie de fatalismo de religioso destino. Colocam-se numa essência separada ao teorizar dessa maneira, mesmo quando aparentemente pretendem o contrário.

Nessa mesma atitude, objectiva-se até muitas vezes uma espécie de psiquismo isolado, seguindo e repetindo o paradigma tradicional relativo ao corpo. Como se dum novo órgão se tratasse, isola-se um órgão psíquico, idêntico aos anteriores, com a diferença da sua não visibilidade ao RX.

Inquestionavelmente, estas condições culturais têm sinalizado a postura mental de todos nós, um tanto corrompidos no preconcebido das ciências médicas e psicológicas que nos formaram. Poderíamos até ironizar, dizendo que a Psicanálise, quando se radicaliza no conhecimento do aparelho de pensar sem pensar no organismo pensador, tal como a Sexologia quando apenas conhece os órgãos genitais com um círculo de pele de três centímetros em redor, negando o resto, constituem as últimas medicinas de órgão na história das ciências que nos ocupam.

CAMINHOS PARALELOS

Só uma concepção estrutural, coerente, organizada, alinhará rumos, objectivos e futuros. Só nessa via fomentaremos correctas definições.

O dualismo cultural, no sobressalto em que hoje se agita, para continuar a manter-se como sempre foi, tem assediado hipóteses em caminhos paralelos, discursos paralelos, mesmo na linguagem. Enquanto não vai sendo ultrapassado, alicia esse tipo de arranjos de partitura, que uma vez mais sinalizam insuficiente identificação de objectivos. A leitura dum campo através dos dados encontrados no outro, como se tenta fazer, incluindo sobreposição de terminologias, revela algumas notas de cumplicidade mas provavelmente nunca passará disso mesmo. São composições à medida. Nunca passarão duma fase ou duma tentativa pouco conseguida, porque se repararmos novamente, conservam inalteradas as metodologias, grelhas e dicotomias anteriores.

Nessas tentativas não existe verdadeiramente qualquer unificação estrutural, antes pelo contrário, porque até as palavras bondosamente partilhadas têm significado diferentes. O "inconsciente" que o laboratório de neurofisiologia espantosamente acaba de descobrir, não será certamente identificável ao inconsciente dos psicanalistas. Meter a Psicanálise na Neurobiologia e vice-versa, é muitíssimo atractivo mas duvidoso. Será, no fundo do navio, meter uma e outra num beco sem saída. Será quebrar irremediavelmente a possibilidade de fantasia de que ambas, no seu interior e à sua maneira dispôem, porque nunca globalizarão o pensamento. Mesmo ao trazer verificações e dados notáveis, como tem acontecido, plenos de significado e interesse, nomeadamente quando o laboratório confirma, cem anos depois, algumas das descobertas e intuições que Freud apenas com o seu génio leu nos seus doentes, tudo isso não passa duma visão passageira, dum arranjo em caminho paralelo. Conserva-se absolutamente o dualismo tradicional, se analisarmos um pouco.

O assédio até agora oferecido não será um avanço metodológico. Será apenas uma curiosidade, eventualmente simpática. Não será uma construção nova, não será a Psicossomática Estrutural que vimos a imaginar. Os caminhos paralelos são importantes, mas não unificam nem sequer investigam a unificação. Não o podem fazer, continuando a seguir os processos que utilizam. São peças sinalizantes duma necessidade de convergência, não são a verdadeira convergência. Não podem lá chegar. Nada revelam sobre o interior do "facto psicossomático".

Será preciso "começar" de novo. Vai ser necessário trabalhar doutra forma, inovar bastante: no próprio conceito de investigação, na metodologia, na terminologia, na leitura dos conjuntos, na avaliação dos funcionamentos. Como aliás já acontece noutras ciências, onde a conjuntura estrutural se vem fazendo. Por exemplo, a relação entre a vida afectiva, o sistema imunitário e o cancro, parece-nos semelhante à relação que hoje se teoriza entre a matemática, a física atómica e a formação do Universo. Trata-se duma globalização complicada de perceber. Mas será uma boa provocação e um bom desafio. Será tempo útil certamente, em cima disso reflectir.

*
* *

Mantendo estes caminhos paralelos, culturalmente sedimentados, será muito difícil pensar de novo e diferente, mesmo quando enormes passos, vivos e à vista, iniludivelmente estatuem algumas orientações. Mas, será conveniente acentuar, no estado actual desta área torna-se absolutamente indispensável sistematizar também validades e credibilidades, face à dispersão teórica e ás posições ligeiras dalguns conceitos, práticas e discussões. Teorizações múltiplas e acrescentos demasiado vagos contribuirão pouco para alimentar caminhos, se acima de tudo considerarem narcisismos e ilusões pessoais ou de escola, como excessivamente parece acontecer. Navegar é preciso, mas evitar precipícios de navegação também será.

Encontrámo-nos de facto numa situação delicada, cuja controvérsia mal gerida, acaba por favorecer, por exemplo, ou até propiciar, o traço estéril dum reducionismo biológico primário, militantemente promovido pelos interesses económicos da indústria farmacêutica e pelos seus agentes médicos propagandistas no terreno. Justificar-se-ão: enquanto os outros não se entendem ou não concluem definitivamente ... encharquemos os doentes com os remédios novos que todos os dias nos apregoam ... é mais fácil, dá milhões, em múltiplas ocasiões... Será este um lema? Em muitos locais, em toda a parte, é apenas isso: na clínica, na relação médico--doente, na cultura, na comunidade.

Trata-se dum biologismo que, nessa facilidade, se esgota nos neurotransmissores transformados numa finalidade em si. Que nem sequer cuida de pensar no que pessoalmente transmitirão esses omnipotentes e magníficos neurotransmissores, por norma utilizados ainda como arma de arremesso científico. Que, muitas vezes, não são mais do que sinais exteriores dum exibicionismo conceptualmente pobre e confrangedor, dum biologismo que nem pensa na "coisa" transmitida, nem nas razões pessoais que certamente presidem ao seu movimento da transmissão. Que não cuida de saber porque acontecerá isso naquela altura, naquela pessoa, a qual possui certamente história e características próprias, vincadas, diferentes de todas as outras. Biologismo que, além disso, se apresenta sentado num geneticismo irresponsabilizante, onde, afinal tudo terá sido programado e predeterminado. Onde o próprio nem em si próprio participa.

Que transmitirão de facto os neurotransmissores, relativamente às características da personalidade psicossomática daquela pessoa, sabendo-se que os agentes químicos são obviamente iguais em toda a gente? Que não contêm qualquer especificidade?

É por isso que a Psicossomática, além duma concepção científica é também uma sensibilidade, tal como a Saúde ou a Doença. O que lhe acarreta suplementos de estorvo e erro, directamente ligados à humanização. Pensamos que encontrará tanto melhor o seu caminho e a sua definição estrutural quanto mais próxima estiver da investigação do sofrimento humano essencial, sofrimento não dicotomizado em físico ou psicológico, sem perda do sentido clínico que a terá sempre de iluminar. A Psicossomática é uma ciência clínica ...

SOFRIMENTO V/S SATISFAÇÃO

A investigação, num futuro próximo, vai certamente registar grandes saltos em vários planos. Trabalhar e investigar na Psicossomática Estrutural, sem dicotomias nem grelhas, equivalerá, metafórica e metodologicamente, a ausentar o conhecimento actual ou a trabalhá-lo diferentemente. Será dissecar noutra mesa de operações. Equivalerá a posicionar-se antes ou depois das ciências em que vivemos mergulhados, levando na bagagem os conhecimentos que elas nos deram e vão continuar a derramar. O futuro será uma espécie de regresso ao passado, com recomeço num patamar operativo diferente e mais alto.

Conjecturamos, no que diz respeito à dicotomia essencial, que o caminho, o método e o projecto serão idênticos ao da investigação da água e da sua potabilidade como organismo. Trabalhar-se-á sem cuidar de saber do oxigénio e do hidrogénio que ao conjugar-se determinam a sua existência e lhe acertam a sua natural composição. É a nossa analogia e a nossa fantasia, à falta de melhor. Realizada pela natureza, em quantidades certas, com tempo e circunstâncias estabelecidas, a água existe assim, tal como é, não podendo ser doutra forma: tal como os seres humanos existirão assim, tal como são, antes do laboratório os separar quimicamente em partes ou elementos. A separação será totalmente inconsequente, quando se lhe questionar a existência, o funcionamento, a potabilidade, a impotabilidade. O mesmo acontecerá na Saúde/Doença. Não apenas na sua relação com o exterior (potabilidade/impotabilidade externa, sobre os outros), mas também no que diz respeito ao seu processo interior (potabilidade/impotabilidade interna, sobre si próprios).

Muito recentemente, vêm-se anunciando instrumentos e processos científicos de descoberta de tal forma "microscópicos", em espaço e tempo, que já se visualizou o "nascimento" de água. Já se objectivou o momento da conjugação do oxigénio e do hidrogénio, já se observou a sua formação. Dizem as revistas científicas da área. Será um avanço técnico enorme, uma proposta de conhecimento notável. A Psicossomática Estrutural não tem ainda esses instrumentos, mas não demorarão com certeza. Desde que a investigação para isso se oriente.

O "facto psicossomático" situa-se nesse horizonte do nascimento da água. Existirá sempre por definição, absolutamente implícito e presente, em toda a existência, em todos os movimentos, em toda a gente, em toda a formação da "água" que o ser humano é. Existirá sempre: na vida, na função de viver, na alegria, na tristeza, na satisfação, na doença.

*
* *

No projecto essencialmente clínico que nos move (a nossa profissão nunca pode perder de vista a clínica, do mesmo modo que a psicossomática nunca poderá deixar de ser um ciência clínica), será necessário e indispensável estudar e conhecer melhor o sofrimento. Não há clínica sem sofrimento, não há sofrimento sem clínica. Para nos encaminharmos na sua compreensão, será primordial estudar o enquadramento do sofrimento na composição do facto psicossomático e vice-versa, como sentimento global do íntimo funcionamento de cada um. O estudo da potabilidade interna será o estudo do sofrimento e da sua participação na sensibilidade pessoal em todos os sentidos (físico e mental, se quisermos) num quantitativo que permita fluidez na existência e na sobrevivência.

Não estamos a referir-nos ao sofrimento secundário, comum, que nos aparece diariamente exposto, organizado em doenças e doentes. Que circula na patologia diagnosticada ou dela decorre. Esse sofrimento, de todos nós bem conhecido, que estamos historicamente habilitados a observar e a tratar na prática médica ou psicológica, será apenas uma parcela desta questão. Referimo-nos a outro sofrimento, bastante diferente: um sofrimento inicial, primário, essencial, anterior.

Há um sofrimento existencial "psicofísico," ou "psicossomático," cada vez mais digno de estudo. Será característico da espécie, sempre presente, anterior a qualquer doença. Existe e funciona como componente essencial em toda a gente, fixadamente, sendo elemento estrutural do processo de desenvolvimento e do processo de viver. Existe a par e em contraponto, obviamente, a todas as possibilidades de satisfação, prazer e plenitude. Será certamente por sua via, pelas forma como evoluiu e se cristalizou, muitíssimo variáveis de pessoa para pessoa, que, por exemplo, os limiares de tolerância à dor, à doença, à sensibilidade, etc. são uma "questão pessoal."

Por norma ocupamo-nos apenas do sofrimento secundário, circulante na doença estabelecida, excluindo este sofrimento estrutural dos nossos conceitos científicos e perspectivas. Mas não será difícil darmo-nos conta dele. Torna-se necessário estudar o seu caminho, a sua individualização, as suas consequências. E descobrir os seus hipotéticos marcadores, que até agora desconhecemos. Será um passo fundamental na evolução dos nossos conhecimentos e das nossas práticas. Será a próxima "revolução" na psicossomática.

*
* *

Tal como a satisfação e o binómio que ambos em conjunto constituem, esse sofrimento desenrola-se em "normalidade" ou inevitabilidade.

A criança sofre desde o primeiro dia, física e psicologicamente, se quisermos utilizar ainda esta linguagem. Sofre sem estar doente. Sofre e chora, devido a um conjunto de elementos que vão criar e compor a pessoa no seu todo, tal como o oxigénio e hidrogénio criam e compõem a água, como dizíamos. São elementos que entram na sua configuração pessoal e lhe conferem uma estrutura primordial, indissociável por dentro, que vai ser actuante e perdurar. Que se marcarão pessoalmente na biologia em desenvolvimento, pensamos nós. É óbvio que a água, uma vez estabelecida, permanece fixada como está: não cresce nem evolui, enquanto, pelo contrário, a pessoa continua a modelar-se nas satisfações e frustrações do seu trajecto relacional. Por isso a analogia termina aí, porque nos seres humanos o modelo inicial e a organização continuarão eternamente contemplados, embora vão ganhando forma e transformação. Serão uma essência, onde se alicerça o crescimento e a evolução.

Os componentes desse sofrimento inicial são de várias ordens: excitação neurológica ao nascer, perda duma ambiência "celestial" irrecuperável a partir dessa altura, insuficiência inevitável na prestação de cuidados. A criança sofre e marca em si, psicossomaticamente, as vicissitudes de tudo isso. É a sua constituição basilar. Aquele corpo terá de se arranjar, de aprender, de lidar, de se organizar, de continuar, de repetir...

Isto tem tal importância organizativa e estrutural, em nossa opinião, que todas as realizações e perspectivas do indivíduo incluirão esse sofrimento na consideração; terão a marca de por elas o tentar minimizar ou resolver. Numa constância que se extravaza para a cultura: todas as realizações humanas o consideram, inclusive nos movimentos de criatividade e prazer. Constroem-se igualmente e modelam-se processos antálgicos, em ensaios de harmonização, os quais, interiorizados e fixados, terão de ser também estruturalmente psicossomáticos. Estabelecem-se mecanismos que tornam o sofrimento inseparável da personalidade e do corpo sofredor, obtidos na relação consigo mesmo e com os outros, através desse mesmo corpo. Mecanismos conjugados, que não poderão deixar de entrar na construção da Saúde ou na construção da Doença. Numa e noutra terão de estar presentes, representando a constância na reactividade profunda de cada um. O sofrimento torna-se por isso indispensável ao funcionamento e à organização estrutural de que falávamos. Sem ele, sem o seu processo, sem a sua consequência, a espécie seria completamente inoperante.

Os sentimentos negativos que o definem, conjugados em balanço com o bem-estar, constituem efectivamente a sensibilidade pessoal, interna ou externa. As várias expressões que o sofrimento toma (doença, dor, angústia, desprazer, depressão, luto, perda, ... agressividade, etc.) jogam-se com o seu oposto (prazer, bem--estar, satisfação, alegria, ligação, ... sexualidade, etc.) sendo a resultante o equilíbrio possível, mais ou menos estável, mais ou menos instável, com mais ou menos Saúde, com mais ou menos Doença.

Os seres humanos lidam com esse sofrimento por formas mais físicas ou mais psicológicas conforme o momento, mas sobretudo, na sua face mais construtiva, procuram encontrar-lhe um sentido. Procuram dar-lhe um sentido para lhe retirar o sentimento de absurdo inicial, após a verificação da sua inevitabilidade. Tentam nesse movimento transformá-lo e integrá-lo no seu percurso, marcando-o no corpo, impregnando-o na vida que lhes pertence. Será esse o processo de crescimento e de maturação. Pensamos até, diga-se de passagem, que os seres humanos só têm sentimentos de percurso (e todos têm) porque têm consciência desse seu sofrimento. Mas, a eficácia destes processos (a Saúde) será sempre relativa, restando excedentes não elaborados que fornecerão bases às futuras perturbações: doenças de comportamento, doenças psicossomáticas, doenças em geral. Excedentes que não entraram no jogo, que ficaram retidos no balneário. Que devem estar próximos do que habitualmente se designa por "essencial" em Medicina, por "endógeno" em Psiquiatria ou por "psicótico" em Psicanálise.

A Doença será sempre, nesta linha de pensamento psicossomático estrutural, um arranjo característico do portador. Conjugará o carácter universal da espécie, transmitido filogeneticamente, com o carácter próprio de cada um, obtido e construído no corpo e no espírito desde o primeiro dia, segundo as vicissitudes de que falávamos.

*
* *

Se repararmos bem, só assim, psicossomaticamente, se pode justificar a consciência da doença que sempre temos. Só assim se compreenderá também a razão porque toda a gente enquadra a doença no seu sofrimento pessoal, como é fácil observar. Toda a gente fala dela sobre o seu corpo, mesmo que não saiba cientificamente o que diz. E se compreenderá também a razão porque a Doença é sentida por todos, sempre, irremediavelmente, como um processo individual, que só àquela pessoa diz respeito. Basta escutar os doentes, em tempo longo, para observar tudo isto.

A Psicossomática Estrutural será a forma de lhe dar sentido e de cientificamente conjugar estas observações que, apesar de aparentemente insignificantes, relevam do mais profundo que a espécie humana contem dentro de si.

Mas não é isso que, para já, estamos habituados a ouvir dizer. Nada disto vem sequer referido nos livros da Medicina. Só alguns teorizadores se atrevem, por agora, a conjecturar.

MARCADORES PSICOSSOMÁTICOS

Qual será o papel ou participação desse sofrimento básico na criação das doenças que ainda costumamos separar em orgânicas ou psicológicas?

Quando, como, em que circunstâncias, a organização interna desse sofrimento se transforma em doença?

Porque razão há pessoas que reagem com doença do coração ou do estômago, enquanto outras "optam" por doenças esquizofrénicas ou depressões?

Haverá caminhos nesse sofrimento básico que, no processo de desenvolvimento individualizado, confiram especificidades e diferenciem a doença naquela pessoa?

E se assim for, quais serão as suas formas, os seus processos, os seus percursos?

Haverá marcadores psicossomáticos?
Haverá marcadores dos caminhos psicossomáticos?

Dito doutra forma:
... a grande questão será conhecer, para além dos agentes exógenos eventuais, o que fará "descompensar" aquele-corpo-daquele--indivíduo-daquela-maneira-naquele-momento, dado que, todos concordarão, a doença não pode ser um intruso ou um corpo estranho bombardeado de fora. Não será um invasor daquela pessoa, vem de dentro. Nem deverá ser "obrigatória" como destino. A exemplo do que acontece com os outros seres vivos, não deverá ser necessário estar doente para morrer.

*
* *

Procurar marcadores detectáveis do sofrimento básico, se os houver, será em nosso entender, aliciante e objectivo.
Para o sofrimento secundário (doença) descobriram-se inúmeros marcadores, quer somáticos (lesão anatómica, histologia, análises clínicas, doseamentos, imagiologia, etc.) que baseiam toda a Medicina de sentido orgânico, quer psicológicos (angústias, delírios, psicopatologias), que baseiam toda a medicina psiquiátrica. Mas, supondo sempre que o sofrimento secundário será mais somático ou mais psicológico naquela altura, mas no início não foi, a descompensação será o manifesto, não será o originário. Terá emergido naquela direcção, escolhida por circunstâncias prévias, marcadas no indivíduo.
Haverá de facto marcadores psicomáticos?
Aproximam-se respostas. Sabe-se hoje por exemplo, que o sistema imunitário funciona como "integrador psicossomático," desempenhando função idêntica a um "cérebro móvel". Que propicia resposta automática relativa à vida emocional e ao sofrimento nela envolvido, desde a vida intra-uterina. Qualquer texto recente fala disso. Quer dizer, o sistema imunitário entra em exercício como salvaguarda ao serviço do próprio, numa regu-

lação constante que, se falhar, deixa precipitar a doença. Dir-se-
-ia que faz uma gestão psicossomática estrutural.

Outras indicações continuam a chegar. António Damásio, no laboratório de neurofisiologia, encontra uma espécie de jogo, no funcionamento geral de cada um. Jogo rápido, automático, sem deliberação consciente, que trabalha a resposta mais vantajosa para o indivíduo naquela altura, através da utilização daquilo a que chama "memórias somáticas". Memórias somáticas (é uma descoberta duma penetração extraordinária), que estão muito para além das memórias psicológicas, de sentido comum, que estamos habituados a considerar. Serão emoções no corpo, "emoções somáticas", gravadas no corpo pela história pessoal, aprendidas como respostas circunstanciais, em jeito de campainha de alarme para o positivo e para o negativo. Que estão ao serviço e utilidade do indivíduo. Segundo o autor, cada ser humano terá o seu próprio jogo, uma espécie de "teoria" pessoal, ou seja, terá uma forma individualizada de reagir que modela e encaminha neurologicamente os dados para os centros cerebrais. Centros esses que, na sequência, agirão em conformidade pessoal na resposta que formularem para o exterior. A investigação continua.

Sem nos determos na origem dessas memórias, acentuaremos apenas que se baseiam no processo íntimo sofrido pelas emoções, manifesto ou oculto, ainda segundo Damásio. No entanto, o autor apenas as refere como actuantes no movimento relativo aos comportamentos para fora, nas acções para o exterior, no sentido social como lhe chama. É como se concebesse apenas a potabilidade da água para o exterior, como se não supusesse que a água em si mesma possa descompensar. Porque não alongar um pouco o alcance dessa investigação e referi-la também ao processo global do funcionamento interno do indivíduo? Porque não incluir essas memórias somáticas no texto fundamental desse processo interior, considerando-as respostas "marcadas", relativas ao sofrimento básico e às suas vicissitudes, dando-lhes o sentido que atrás referimos?

Constituiriam ou sinalizariam então os marcadores psicossomáticos que estamos a sugerir.

*
* *

Como vemos, neste jogo emoção-corpo, o laboratório propicia excelentes verificações que a Psicossomática irá certamente utilizar, com outra metodologia, quando tiver condições para o fazer. Em múltiplos doentes, Damásio descobre também informação aprendida, "que existe no cérebro, mas não existe na mente" teorizando na passada uma espécie de inconsciente orgânico, corporal. Descreve experiências de intervenções afectivas em vários casos clínicos, realizadas no laboratório, que ficam "gravadas" no doente e permanecem, garantidamente, fora do nível da mente, da razão, da consciência.

Freud dizia: "o Ego é um Ego corporal"; os neurofisiologistas hoje integram o corpo no Ego. Não falam da mesma coisa, como atrás dizíamos, mas será muitíssimo importante tentar perceber. A convergência unificadora terá necessariamente outras regras e outras metodologias, quando chegar a sua maré de descoberta, mas não podemos deixar de o salientar.

PARA TERMINAR

Estamos próximos de zonas nucleares de funcionamento do ser humano. Estamos próximos do "facto psicossomático" na Saúde e na Doença, na satisfação e no sofrimento.

A cultura e a ciência, que nos conduziram até aqui, acabam por nos condicionar em tudo isto. Introduzem estorvo na prossecução e na investigação clínica, porque os doentes e os médicos tendencialmente pensam ainda da mesma maneira, ou seja, segundo o paradigma tradicional. Arranjámo-nos todos à partida para que assim continue, na leitura, na observação clínica, na perspectiva terapêutica, na cultura, na comunidade.

Seria por isso curioso e útil investigar a Psicossomática nos povos primitivos, despidos de ciência. E, porque não, cortejar a medicina chinesa. Trarão certamente elementos consideráveis para esta reflexão.

RESUMO

O autor faz uma longa reflexão sobre o estado actual da "Psicossomática" e das suas limitações conceptuais e práticas, que resultarão da dificuldade em ultrapassar a tradicional dicotomia corpo/espírito e de se conservar demasiado preponderante ainda a "medicina de órgão", que fez o grande sucesso da "arte" neste século. Por isso existem posições várias e caminhos paralelos, todos eles de configuração parcial.

Considera que no momento faltam definições globais sobre o funcionamento unificado do ser humano, mas a sua procura será o caminho do projecto e da descoberta. Para isso impõe-se uma nova metodologia investigacional, que o futuro próximo necessariamente encontrará. Só nessa altura teremos a verdadeira "Psicossomática Estrutural," organizada a partir do conhecimento do "Facto Psicossomático," que a ciência actual já vai descortinando.

Desenvolve depois a teoria de que um "sofrimento inicial," anterior a qualquer doença, deixará "marcadores psicossomáticos" em cada um, por agora desconhecidos, os quais provavelmente traçarão sentidos e escolhas na rota das patologias, sejam elas físicas ou mentais (conforme é habitual ainda distinguir).

SUMMARY

The author makes a reflection on the actual state of "Psychosomatics" and its practical and conceptual limitations. These arise from the difficulty in overcoming the traditional dichotomy body/mind and the importance of the "organ medicine" of this century and account for the various points of view (all of which are partial) on the subject.

The author considers global definitions on human functioning to be missing and that search will include projects and discovery. A new method of investigation is required and will necessarily be found in the near future. Only then will we have the true "Structural Psychosomatice", based on the "Psychosomatic Fact" that science is now beginning to disclose. He then advances onto the theory of "initial suffering", former to any kind of disease, which can leave "Psychosomatic Traces" in individuals and account for different types of disease, whether physical or mental as they are currently termed.

LACUNAS SOMÁTICAS
V/S LACUNAS DE MENTALIZAÇÃO [1]

"Lacunas somáticas" serão os buracos negros, desconhecidos, do universo corporal do indivíduo. Serão aqueles corpos celestes de que os astrónomos deduzem a existência e a órbita, mas não conseguem ainda enxergar. Não foram vistas até ao momento: mas não tardarão a ver-se... em nossa opinião.

No estado actual da arte, é difícil resistir à tentação de não fazer sobre isso comentários e conjecturas.

A PSICOSSOMÁTICA DE REFERÊNCIA DINÂMICA

Intrincada no somático, a vertente psicológica do ser humano funciona com ele num bloco perpétuo, onde todos os movimentos do indivíduo terão obrigatoriamente de confluir. Isso acontecerá quer nas circunstâncias normais, quer nas eventuais circunstâncias deficitárias que, em princípio, enquadram aquilo a que chamamos doenças. Dificilmente se aceitará hoje pensar doutro modo.

---

[1] Publicado no número 1, vol. 1, da *Revista Portuguesa de Psicossomática,* Porto, 1999.

A Psicossomática de referência dinâmica, em todas as suas várias teorizações e conceitos, directa ou indirectamente salienta aquilo a que chama "lacunas de mentalização" ("carências de mentalização", "carências de simbolização"). Será a existência dessas lacunas que, duma forma ou doutra, origina ou propicia as somatizações em que a chamada doença psicossomática se objectiva. Desde: "pensamento operatório" (P. Marty), "ausência de fantasmas", "falta de elaboração psíquica", "teoria do impasse no imaginário" (Sami-Ali), "falha básica", "depressão essencial", "alexitimia" (Sifneos), "forclusão da fisiologia e não do órgão" (C. Dejours), etc.... até outras teorizações que tomam a psicose como modelo psicossomático e falam da patologia orgânica como zona não simbolizável do corpo, na sequência de deficiências ou clivagens na construção do pensamento simbólico (Bion, Lacan)... haverá sempre um negativo, uma situação deficitária.

Todas consideram a existência dum processo disfuncional defensivo, psíquico, que assenta num aparelho mental mal construído e acarreta consequências no corpo. E consideram que a patologia somática deriva daí.

Servindo-nos duma exemplificação banal: o deprimido viverá e sofre as perdas, apenas psicologicamente, mesmo não sabendo o que perdeu, enquanto o psicossomático, mesmo sabendo o que perdeu, não as viverá nem sofre dessa maneira, porque as somatizou. Passou-as para o corpo, porque as não pode pensar, devido às deficiências da sua construção psicológica, devido às suas lacunas de mentalização.

Isto é provavelmente verdadeiro, mas será apenas uma parte da questão, em nosso entender. Estas posições teóricas nada nos dizem quanto à preparação que aquele corpo deve ter tido, para se comportar daquela maneira, de forma tão diferente de caso para caso. Nessas formulações, nunca se levantam hipóteses quanto às direcções tomadas nesse corpo, nem quanto às eventuais aceitabilidades somáticas porventura lá contidas.

Todos concordam, obviamente, que as somatizações (doenças, disfunções, exclusões, forclusões) deverão ter um sentido nesse corpo do portador, não acontecerão por acaso nem ao acaso: mas como se processarão? Como entrará o corpo nesse processo que, afinal, na sua parte mais visível, em si directamente se passa?

Trata-se até agora dum assunto demasiado nebuloso, pelo que nunca se prosseguem estas linhas de pensamento. Fica-se numa espécie de antecâmara do somático. Nunca falam dos caminhos do corpo na doença, das suas conduções, das suas predisposições. Quando muito, referem condições biológicas, de tipo "fragilidades especiais" (complacências somáticas) à maneira clássica. Nunca aventam hipóteses de corporização que envolvam um "facto psicossomático," inserido num "processo psicossomático", concebido na base duma "psicossomática estrutural".

LACUNAS SOMÁTICAS

Permitimo-nos sugerir teoricamente e designar por "lacunas somáticas", certas componentes ou predisposições somáticas que, no desenvolvimento do indivíduo, terão alegadamente de se processar e portanto de existir. E de influir. Que farão parte dum núcleo conjunto e dum processo corporal necessariamente atractivo para as lacunas de mentalização, com quem terão intrinsecamente, à partida, um tropismo global.

Serão lacunas correspondentes e complementares dessas lacunas de mentalização que, em exclusivo, têm até agora ocupado a teorização. Serão a sua correspondência somática, a outra face da moeda inseparável da anterior. Se as lacunas de mentalização se formaram e perpetuamente reclamam sobre o corpo, será cordial supor, deste lado, uma repercussão instituída, uma via aberta potencial, uma vez que consideramos que todo o crescimento pessoal e que todo o desenvolvimento psicomotor foi incontornavelmente cumprido em processo intermutável mesmo na dor, como vimos no artigo precedente. Em nossa opinião, o mesmo sofrimento que, nas suas várias formas terá propiciado marcas nos trajectos psicológicos relacionais, terá de propiciar marcas nos trajectos corporais. Quer na fisiologia quer na patologia.

Essa condição só não se cumpriria se o "corpo" e o "espírito" funcionassem em processo clivado: o que, decididamente, ninguém aceita hoje, até porque afirmá-lo seria negar o conceito básico da psicossomática. Seria negar a Psicossomática, mesmo a mais superficial. O corpo não será, em nossa opinião, um mero recipiente passivo das lacunas de mentalização, que geme ao sabor do momento. Se assim fosse, isso quereria dizer que o "espírito" "salvaria" o corpo quando se desenvolvesse duma forma inteiramente satisfatória, mas já não o salvaria se essa condição não se cumprisse. O que seria pelo menos curioso, pelo absolutismo mental imaginado. Seria supor o corpo apenas um órgão, ou um conjunto de órgãos, dependente, sozinho, triste, à mercê do andar de cima. Seria supô-lo mero protectorado dum poder doutra galáxia, dum poder mental longínquo, sádico, omnipotente. As lacunas ou carências de mentalização, quaisquer que fossem as fórmulas que teoricamente déssemos às suas consequências (doença física, psicose, psicossomatose, somatopsicose, etc.) sinalisariam afinal, nessa forma de ver, a existência dum novo órgão, em si mesmo disfuncional relativamente ao resto da individualidade.

Sem dar por isso, este conceito das lacunas de mentalização segue a linha de pensamento e o paradigma científico de antigamente. Paradigma idêntico ao habitualmente concebido para o sistema nervoso ou para o sistema endócrino, no que diz respeito à funcionalidade operativa ou à disfuncionalidade patologizante. O processo seria o mesmo, o sistema é que variaria e mudaria de nome. Segue-o tal e qual, sem qualquer mudança orientada para uma Psicossomática mais evoluída. Traduz além disso uma visão megalómana, onde só o espírito contaria, onde só essas lacunas contariam, numa leitura extremamente artificial e depreciativa do conjunto. Exterioriza ainda reflexos da brilhante "medicina de órgão", de cozinhas inteiramente isoladas, que fez as delícias do século XX e que a Psicossomática, no seu desenvolvimento, vem paulatinamente desmontando. Nessa sua perspectiva, o "espírito" seria o último órgão descoberto, o mais poderoso, que nada teria a ver com o corpo: apenas comandaria, magnificamente sentado, com determinações ocasionais ou estruturais inteiramente dispostas por si. É o passado que se continua noutro cenário, ao pensar-se dessa maneira.

O "corpo psicológico", na versão considerada saudável ou na versão considerada patológica, caso onde confluirão lacunas de mentalização e lacunas somáticas, terá de ser obviamente em absoluto pessoalizado. Em nossa opinião, ambos os tipos de lacunas constituem sofrimentos inscritos, fixados, simbolizados. Foram-no na construção evolutiva do Self, na organização do Self corporal, na construção da imagem do corpo, no recurso ao imaginário e à simbolização, na relação do Próprio com o somático. Ou seja ainda, costituem a relação do Próprio consigo mesmo, funcionando num bloco simultâneo e simétrico. A linguagem de cada um com o seu corpo: – o corpo fala com o Próprio e com os outros, mas quando a linguagem se estraga adoece – organizar-se-á nesse texto de raiz primordial, para o bem e para o mal, para o bom e para o mau funcionamento.

Permitimo-nos sugerir também que, destas lacunas somáticas, existirão marcadores, ainda não descobertos, nem sequer devidamente teorizados, que costumamos designar por "marcadores psicossomáticos." Da mesma maneira que ao longo do tempo se descobriram e codificaram marcadores orgânicos e marcadores psicológicos na Saúde/Doença, existirão esses outros marcadores. Serão os tais planetas de que se conhece a existência e a órbita, mas que ainda ninguém viu.

Pensamos também que toda a Medicina actualmente se encaminha nesse sentido, quer na concepção teórica quer na pesquisa terapêutica. Percorrendo e tacteando caminhos.

PSICOSSOMÁTICA ESTRUTURAL

Falamos há tempos com um atleta de alta competição que nos relatou sonhos onde lutava ansiosamente, onde competia para além dos seus limites. Onde realizava as performances extraordinárias que na prática nunca tinha conseguido. O mais interessante é que depois acordava "todo partido", devido à violência do exercício realizado. Acordava com o corpo tão dorido que precisava dalguns dias para recuperar, apesar de ter a certeza de que nem sequer se tinha mexido na cama. Adormecia e acordava perfeitamente na mesma posição, sem qualquer movimento muscular durante o sono e o sonho, nada tinha "realmente" acontecido.

Só podemos concluir que o sonho não era afinal um fenómeno mental exclusivo. A realização muscular imaginada passava-se também no corpo: tinha repercussão física efectiva, como se estivesse com grande esforço a desempenhar-se.

Mas, como será possível um corpo parado participar biologicamente naquela fadiga... sem se mover, ou "movendo-se" apenas no sonho?

Como se poderá entender esta enorme contradição?

Que "coisa" se teria derramado sobre aquele corpo organicamente dorido... quando, como e porquê?

Como em muitos outros casos fáceis de observar (ejaculação no sonho, simultânea com ejaculação na realidade, por exemplo), neste "facto psicossomático" não há doença nem sofrimento, para além duma certa ansiedade competitiva. Não existem lacunas de mentalização previsíveis, não existem do mesmo modo lacunas somáticas previsíveis, uma vez que há uma excelente saúde. Há pelo contrário uma verdadeira funcionalidade psicossomática, traduzida no prazer de funcionar, no sentimento indesmentível disso mesmo: há mesmo, naquela procura deliberada, motivadora do sonho, uma liberdade total, com as respectivas campainhas interiores em festa de campeão. Como poderemos explicar tudo isso?

Sendo o sonho sempre uma representação inconsciente de algo que neste caso é o próprio corpo, verifica-se que a representação funciona como se fosse o todo daquela pessoa, actuando psicossomaticamente, estruturalmente. No sonho reúnem-se todas as condições para uma participação total e conjunta da pessoa no fenómeno mais caracteristicamente psicossomático que se conhece: o próprio sonho.

Qual o valor desta observação banal, para além da indicação segura de que a expressão psicossomática não precisa das lacunas de mentalização para existir?

Para além da indicação de que ela existe por si, sem essas lacunas, em todo o tipo de funcionamento, na saúde, na doença, numa globalização indesmentível?

Torna-se até legítimo interrogar: existirá de facto um inconsciente no corpo, um "inconsciente corporal," como se começa agora a procurar e como, no fundo, as lacunas somáticas farão supor?

*
* *

Este exemplo indica-nos claramente que o corpo não será uma vítima da mente, nem vice-versa. Funciona em conjunto com ela, de forma tão absolutamente "soldada" como o oxigénio e o hidrogénio na composição da água.

Nas concepções psicodinâmicas actualmente em uso, o corpo será uma vítima. Uma vítima do negativo psicológico funcional, da insuficiência do desenvolvimento simbólico, situação que todo o ser pensante esteve em risco de passar e sofrer, de forma real ou fantasmática. Será vítima da sua própria incapacidade de mentalização, quando ela opera sobre a organização do Self corporal. Essa concepção não afasta uma dicotomia efectiva entre soma e espírito. Como se um destino implacável, cretáceo, a isso obrigasse. A isso continuasse a obrigar. Essas leituras, de facto, acabam por só aparentemente se distinguirem das leituras tradicionais que estabeleciam fronteiras clivadas e completas entre doenças orgânicas e doenças mentais. Devemos acrescentar que este conceito de "saúde psicossomática" só muito recentemente começou a ser desenvolvido. Só agora se descortinam condições teóricas para o sustentar.

Será muito curioso referir ainda que são os imunologistas e os neurobiologistas, no laboratório, que ao estudar o seu "órgão" sistémico, mais necessidade têm encontrado de avançar estas noções. No enorme aprofundamento investigacional que realizam, tropeçam em surpreendentes resultados, na sequência de variações de raiz psicológica individual. Verificam-nas. Têm melhores condições experimentais de as constatar e estudar do que nós, nos seus terrenos de base, porque elas lhes aparecem diante dos olhos, traduzidas fisicamente, no trabalho laboratorial.

Provavelmente têm depois também maior credibilidade do que nós para o afirmar, dado vivermos num mundo científico abismado numa tal preponderância biológica que, constantemente, se avaliam pela negativa outras fontes ou outras ciências. Mesmo que isso se torne digno de riso, muitas vezes. Vindo deles, o actual meio médico e académico aceita melhor. Preconceitos e atitudes, ditos em nome da ciência, conduzem a aceitações diferentes das descobertas, partidas do laboratório ou do psicanalista. Paradoxalmente, o laboratório fornece deste modo excelentes ajudas à reflexão sobre o ser humano na sua globalidade, decorrentes donde menos se esperaria.

O FACTO PSICOSSOMÁTICO

O "facto psicossomático" existe sempre, mas não temos ainda sobre ele uma definição suficientemente clara e unívoca, nem encontramos as palavras certas para o fazer. Não queríamos deixar de dizer, no entanto, que ao alongarmo-nos no tema, temos a impressão de estar a discorrer sobre uma ficção. Sobre a nossa própria ficção, dir-se-á, dado não podermos comprovar, nos termos científicos habituais, algumas destas asserções.

Mas a Psicossomática actual é uma porta larga e aberta, onde a partir de conhecimentos obtidos nos modelos tradicionais, se antevêm, se projectam, se conjecturam novos caminhos e futuros. Encontrámo-nos num tempo e numa circunstância excepcionais: num cruzamento histórico. Um dos aliciantes desta matéria reside precisamente nisso: partir do actual discernimento acelerado, constantemente renovado, para trechos que se aproximam ... que quase se adivinham. Mesmo correndo o risco dalguma fantasia e dalguma ficção; mas foi sempre assim, aliás, que os processos evoluíram.

Temos inúmeras vezes também a impressão de nos encontrarmos no ponto e na perplexidade em que se encontraram os nossos queridos antepassados no tempo de Pasteur. Já repararam como hoje é quase impossível figurar, no pensamento e muito mais na prática clínica, uma observação e uma terapêutica que desconheça as bactérias? Mesmo sabendo perfeitamente que elas não entram na maior parte das patologias? Só fazendo um outro tipo de ficção, de sentido regressivo, será possível imaginar esse passado. Temos enormes dificuldades em recuar 150 anos, supor um médico diante duma septicemia, de tal forma os dados entretanto adquiridos condicionaram tudo em nós. Seria tão absurdo como olhar para um livro sem saber ler. Nesta altura, para as questões da Psicossomática, encontrámo-nos em situação idêntica à desses nossos colegas de há 150 anos, com o ligeiro inconveniente de ainda não ter surgido o Pasteur desta área. Mas não tardará muito, segundo cremos.

Por outro lado, a grandeza e o fabuloso alcance prático da descoberta médico-biológica, foi de tal forma determinante na nossa cultura, impregnou tão densamente os caminhos e perspectivas, que se caiu num excesso paradigmático inconveniente. Tudo se afunilou nesse movimento, onde tombamos sem dar por isso. A cultura médica, no médico e no doente, embebeu-se nesse modelo e cristalizou, tendo agora enormes dificuldades em lhe fugir, um pouco que seja. Foi tal o sucesso que muito dificilmente se consegue relativizar, olhar doutro ângulo, ver doutra maneira.

Vivemos culturalmente circundados, encurralados, por essas bactérias e pelos respectivos antibióticos. Vivemos no conceito histórico e circunstancial de que a doença será um corpo estranho, uma bactéria indecente e invasora, que infelizmente ainda não tivemos oportunidade de liquidar. E até nos envergonhamos de ainda o não termos conseguido:

"... alguém lá fora provavelmente já conseguiu, ou está muito próximo disso ... todos os dias se descobre um novo antibiótico, o nosso finalmente vem aí... estaremos salvos..."

Consciente e inconscientemente inspirámo-nos neste registo quando procuramos "extirpar o mal pela raiz".... sendo que, provavelmente, todos o procuramos um pouco. O antibiótico como modelo é a busca duma espingarda contra os sarracenos, duma arma contra os invasores. Como se o doente não tivesse nada a ver com a doença, como se não existisse nada dele nela, como se ele nem sequer participasse. Como se a doença não fosse ele, a sua própria identidade corporal... como se fosse apenas um inimigo que é preciso combater.

Como se o próprio doente afinal, ele também, não fosse mais do que uma bactéria, nada mais do que isso, apenas de maior dimensão.

NÃO HÁ MAIS BACTÉRIAS

Aplicamos esse modelo tanto nas doenças habitualmente designadas como doenças físicas, como nas doenças mentais.

Da necessidade e do enorme avanço das bactérias regredimos no seu excesso. Pior ainda, coarctámos por essa via, filosoficamente, a nossa própria liberdade de pensar, de conceder alongamento ao nosso próprio pensamento. Fazêmo-lo às vezes de forma grave, quando do fundamentalismo que esse modelo transporta se fazem pedagogias, se traçam objectivos, se desenham trajectos académicos, com essa finalidades única em si. Ter feito assim foi necessário, mas continuar hoje será mediocre. Será negar o conhecimento e o funcionamento do ser humano. Alias, curiosamente, "antibiótico" quer dizer contra a vida, matar a vida.

Encontrámo-nos actualmente na fase de dar sentido à vida e ao sofrimento nela implicado, o que proporciona objectivos e reflexões completamente diferentes. As interrogações hoje serão:

- qual será o sentido da doença na vida, naquela vida específica?
- qual será o trajecto do sofrimento naquela pessoa?
- qual será o facto psicossomático naquele doente, naquela doença?

Por outro lado, acrescentando ainda novas interrogações, poderemos dizer: haverá especificidades (lacunas somáticas específicas e diferentes) relativas a emoções tão diferenciadas como amor, raiva, ternura, tristeza, medo... em qualidade, em quantidade? Onde?

A resposta só poderá ser afirmativa, em nossa opinião, mas quando iremos lá chegar?

O paradigma científico também nada nos diz sobre a percepção que temos de nós próprios: sobre a sensibilidade quanto à nossa própria auto-fisiologia, sobre a fisiopatologia real ou imaginária do que sentimos, sobre o nosso sentimento íntimo de unicidade, de identidade, de conjunto, do que todos temos. Nada nos diz sobre a nossa diferença relativamente aos outros. Muito menos ainda sobre o sentimento íntimo de percurso, que toda a gente em si mesmo contem e observa.

Há em todos os indivíduos um sentimento psicofísico de estar situado, de viver num percurso, de o percorrer em processo inevitável. Se reflectirmos um pouco, damo-nos conta que isso acontece em qualquer idade, projectado no passado ou projectado no futuro, que assenta em grande parte nos afectos e sensibilidades corporais. E que é vivido no corpo. Esse sentimento terá repercussão nas mentalizações, nas corporalizações, nas lacunas eventuais. A sua evolução e transformação, no trajecto psicossomático, deixará certamente registos naquilo que somos, no que pensamos, no que sentimos, no que vivemos. Dentro de nós; de nós para nós; de nós para os outros. Será impossível deitar fora este factor, desvalorizar a sua importância nas lacunas somáticas que por agora desconhecemos.

Nesta matéria, frequentamos demasiadamente os doseamentos cegos que o laboratório de análises clínicas nos fornece, os quais mencionam apenas, de forma mais ou menos piedosa, a existência de variações individuais.

Estamos bastante longe de verdadeiramente conhecer a ecologia interna de cada um. Não conhecemos os movimentos físicos ou orgânicos dos afectos, nem o seu vai-vem desencadeado. Ficámo-nos excessivamente em respostas genéricas:

- "é a adrenalina... são os neurotransmissores,"

o que, contendo a mais absoluta limitação, será tão inútil como afirmar que os seres humanos reagem às emoções e ficar contentíssimo com tão "sensacional descoberta" que já Adão e Eva conheciam: foi mesmo isso que os perdeu.

O SÉCULO DAS TECNOLOGIAS MÉDICAS E DA PSICANÁLISE

O século XX foi o século da Psicanálise e das Tecnologias Médicas, que lhe ocuparam os extremos e prosseguiram no seu "microscópio" específico a busca do infinitamente pequeno. Mas toda a espantosa tecnologia da Medicina se baseia na filosofia das bactérias como dizíamos, sem que esta afirmação represente qualquer desmerecimento quanto aos seus extraordinários progressos. Em atitude semelhante, também muitas vezes a Psicanálise, na sua vertente epistemológica mais radical e verborreica, faz uma renúncia do corpo, como se ele fosse apenas um suporte barato de algo mental que existe completamente noutro sítio, que pertence a outro apartado fiscal. Esse "corpo" será o corpo que não fica dorido, nem ejacula durante o sonho. Em nossa opinião, as lacunas de mentalização habituais correm o risco de se inserir nesse texto, se rodarem apenas em torno de si como vêm fazendo.

Psicanálise e Tecnologias são caminhos afastados, que obrigatoriamente se encontrarão no Oriente. Fazem uma viagem de circum-navegação a partir dum e doutro lado. Na viagem do século XXI ressaltam encruzilhadas: Medicina, Psicanálise, Psicossomática, sofrerão inevitáveis mudanças a prazo, nos conceitos e nas práticas.

"Lacunas somáticas", "marcadores psicossomáticos", "memórias somáticas", "inconsciente corporal," indiciam um fascinante caminho nesse progressivo esclarecimento do "facto" e do "processo" psicossomáticos.

Como cada um pode reparar, o corpo funciona sem que o próprio o consiga deter. Nada conscientemente o impede ou o limita; é movido por um motor eficaz mas delicado, inconsciente, que o próprio afinou como pôde ao longo do tempo, vivido na relação com os outros e consigo mesmo. O seu movimento enquadra-se num todo, assente em múltiplas razões desconhecidas, que irão deixar de o ser.

Não se tratará apenas de considerar as influências do psíquico no somático; será muito mais do que isso: as "lacunas somáticas" deixarão de ser o planeta desconhecido.

BIBLIOGRAFIA

DEJOURS CH., HERZBERG R., MARTY P. (1980) – *Les questions theoriques en psychosomatique,* EMC, 37400 C10, Paris.
GAILLARD J. P. (1994) – *Le Médecin de demain,* ESF, Paris.
MARTY P. (1980) – *L'Ordre Psychosomatique,* Payot, Paris.
SAMI-ALI E OUTROS (1992) – *Rêve et Psychosomatique,* CIPS, Paris.
SAMI-Ali (1974) – Corps réel, Corps imaginaire, Dunod, Paris.
TAYLOR G. P. (1987) – *Psychsomatic Medicine and Contemporary Psychonalysis.* Internacional Universities Press, Madison, CT.
TAYLOR G. P. (1998) – "Psychoanalysis and Affective Disorders: A Psychosomatic Perspective", in *Revista Portuguesa de Psicanálise,* n.º 17, Porto.

RESUMO

O autor permite-se sugerir teoricamente a existência e designar por: "Lacunas Somáticas"... certas componentes que constituirão um núcleo conjunto e obrigatório, num funcionamento global, com as chamadas "Lacunas de Mentalização" que todas visões psicodinâmicas da Psicossomática têm criado e que são, só por si, manifestamente insuficientes para poder entender a doença ou sequer o "Facto Psicossomático".

Permite-se também sugerir que destas Lacunas Somáticas, organizadas, fixadas e simbolizadas no processo de desenvolvimento pessoal e na elaboração do sofrimento, deverão existir marcadores ainda não descobertos, que designa por "marcadores psicossomáticos," acrescentando ainda a interrogação ... porque não começar a teorizar um "inconsciente corporal"? Permite-se ainda sugerir que os aprofundamentos da Biologia e da Psicanálise se encontrarão num todo confluente no século XXI, elaborando-se então uma verdadeira "Psicossomática Estrutural", na teoria e na prática clínica.

O "Facto Psicossomático" existe sempre, mas não encontramos ainda, palavras nem conceitos suficientemente unívocos para o esclarecer.

SUMMARY

I dare to theoretically suggest the existence and designate as "somatic retrats" certain components of a global functioning that constitute a necessary and joint nucleus with so-called "mentalization retreats" which psychodynamic perspectives have created but are evidently insufficient to understand "psychosomatic" or illness.

I also dare to suggest that from these "somatic retreast", organised, fixated and symbolised in the process of personal development and the elaboration of suffering, might result markers which I will name as "psychosomatic markers" and from here ... why not begin to theorise a "bodily unconscious"?

I further suggest that the progresses in Biology and Psychoanalysis will meet as one during the XXI century thereby creating a true Psychosomatics, both in theory and practice.

The "psychosomatic fact" always exists but we have not yet found words or concepts sufficiently univocal to explain it.

O CORPO SABE...[1]

REFLEXÕES... TENTATIVAS

NOS ARTIGOS ANTERIORES, na tentativa crítica de conhecer as preocupações conceptuais e as práticas duma Psicossomática com sentido de futuro, desenvolvemos alguns temas e conjecturas. Resumindo, pareceu-nos poder afirmar que:

• A dor física e a dor moral (dor mental) são transmutáveis entre si, sobretudo na criança, facto tanto mais visível quanto menos tempo de vida tiver o bebé. Continuam a sê-lo parcialmente no adulto, o que nos pode encaminhar na aliciante busca duma teoria unitária da dor. Tal verificação aproxima-nos, inevitavelmente, duma gaveta indiferenciada inicial quanto ao "sofrimento" e quanto á dor. E sugere-nos consequências práticas e teóricas sobre o conceito de Psicossomática Estrutural que temos vindo a propor.

• Os vários contributos das ciências Biológicas e da Psicanálise sobre o conhecimento em Psicossomática vêm de longe e conti-

---

[1] Conferência no Porto em 23/24 de Março de 2001, publicada no número 6 da *Revista Portuguesa de Psicossomática*.

nuam, mas parecem-nos esgotados na sua fórmula actual. Isso acontecerá porque os caminhos de cada uma dessas vertentes são sempre paralelos entre si, jamais passarão disso. Esses caminhos contactam-se entre si, cumprimentam-se, trocam até respeitosas palavras semelhantes, mas nunca se poderão fundir num só, enquanto prosseguirem na especifidade das suas respectivas ciências. Não nos parece haver ponto de encontro possível, a manter--se essa condição e essa metodologia.

• As concepções sobre a Psicossomática decorrentes da Psicanálise e das ciências afins, acentuam sobretudo as "carências de mentalização" ou as "lacunas de mentalização" (pensamento operatório, teoria do impasse, alexitimias, etc.). Acentuam a sua repercussão sobre o corpo "adoecente". Trata-se de leituras parcelares, em nossa opinião, porque nunca consideram verdadeiramente o corpo biológico que tudo sustenta, nem a sua receptividade específica, quer na Saúde quer na Doença. Não consideram a "presença" real do corpo nem as suas eventuais características pessoais, presentes e participantes na doença. Características que estarão determinadas filogeneticamente, ontogeneticamente, individualmente. Que estarão marcadas, inscritas, no que costumamos designar por "lacunas somáticas", mal conhecidas por agora.

• De modo mais insuficiente ainda, todas as concepções Biológicas introduzidas na Psicossomática são flagrantemente parcelares, porque não consideram sequer a identidade pessoal do indivíduo em questão, menos ainda a sua identidade corporal. Nem dispõem de consistência teórica para o fazer. Mesmo a explicação que fornecem, sobre o inegável efeito terapêutico dos neurolépticos e antidepressivos, é demasiado pobre: limitam-se a uma visão química e fisiológica, verdadeira no laboratório certamente, mas que adelgaça ainda mais o horizonte da pessoa. Quando se debruçam sobre a Psicossomática apenas falam da dualidade corpo/espírito e da influência eventual duma parte na outra, cruzando-as, questionando-as, sem as unir: sem integrar a outra parte, excluindo em absoluto a hipotética zona comum.

• O "Facto Psicossomático" e a consequente "Psicossomática Estrutural" que procuramos conceptualizar e desenvolver, contrariam e dispensam essa dualidade tradicional. Procuram reconhecer as vertentes parcelares numa unicidade essencial estabelecida. Não contestamos as "lacunas de mentalização": contestamos que na doença, naquela pessoa, naquele local somático, naquele simultâneo repercutido, não haja, previamente focalizado, algo ainda desconhecido que corresponderá às tais "lacunas somáticas", por nós assim designadas.

• Para estudar, investigar e conhecer estes conceitos, na prática, teremos de nos aventurar em novas e diferentes metodologias: novas pesquisas, novos alcances, novos objectivos. Será esse o futuro mais provável. Não se trata de juntar a Neurofisiologia à Psicanálise: trata-se de descortinar outros caminhos, outros "planetas", adivinhados mas ainda não observados.

A descoberta daquilo a que chamamos "marcadores psicossomáticos" será, para o efeito, uma hipótese muito de considerar.

*
* *

Deste conjunto de afirmações ressaltam ainda alguns postulados, que poderemos resumir desta forma:

• O corpo participa activamente nestas questões da Psicossomática. Participa muito mais do que até agora foi pensado ou conhecido. Participará de forma muito diferente da passividade que lhe costumamos atribuir. E fá-lo-á naturalmente, em todos as situações: quer no equilíbrio da Saúde, quer no desequilíbrio da Doença, quer no equilíbrio geral Psicossomático. Sempre numa dinâmica conjuntural activa.

Fá-lo-á não só através da sua Bioquímica, muitíssimo estudada e conhecida, mas também através dum "saber" especial, intrínseco, inserido no motor do seu próprio funcionamento. Saber que não será um "saber" mental. Que não poderá ser confundido, em nossa opinião: nem com as determinações genéticas, nem com os mecanismos sistémicos de regulação automática (fisiológicos, endócrinos, imunológicos, etc.), que também permanecerão, obviamente, sempre presentes.

- "O corpo sabe"... atrevemo-nos a dizer.

O corpo saberá porque condensa em si mesmo uma biografia somada: uma biografia específica de si, uma biografia característica da espécie, uma biografia das espécies em geral. Porque contem uma antiquíssima história de vida: filogenética, ontogenética e individual. O corpo humano disporá duma sabedoria, tal como os corpos de todos os outros seres vivos disporão, aprendida, desenvolvida, progressivamente especificada durante a evolução, particularizada na sua espécie, superiormente definida em si. Sabedoria que, na nossa espécie, no manuseamento do seu tempo infantil, se desenvolve mais personalizadamente do que nas outras: cada elemento humano constrói um aparelho mental e emocional, organizado por si, conforme ao crescimento particular que teve, na relação com os pais, na relação com os outros.

- Desse saber, dos seus vários patamares interligados e interdependentes, resultará em permanência uma marca inscrita, um saber inscrito, vivido, organizado. Saber formatado na infância, sobretudo no trajecto relacional do binómio prazer/sofrimento. Saber e marca que constituirão um ancoradouro, um porto de recolha e segurança, sempre activamente presente, indispensável ao funcionamento vital e à identidade do indivíduo. Essa sabedoria alicerçará um fundo basilar pessoal, onde num regresso potencial se perfumam todas as outras questões, nomeadamente as da sua utilização na Saúde/Doença.

- "O corpo sabe"...

... se não soubesse não reagia sabiamente às agressões vindas de fora, nem se auto-avisava quando isso acontecesse. Nem nada diria ao portador quando estivesse a ser "agredido" por dentro.

Sem esse saber não faria sintomas, não se queixava, não se organizava em doenças para tentar neutralizar o mal estar que ao "falar" anuncia. Não utilizava as mensagens que o aviso prévio da doença transporta, na sua linguagem característica. Nunca se pronunciaria.

- Um dos elemento essenciais onde assenta esse "saber", no plano humano e pessoal, será um "sofrimento básico", característico da espécie.

Será, em grande parte, a forma como cada um nele se estruturou que lhe determinará o conteúdo e o funcionamento. Sofrimento esse que, tanto quanto poderemos observar, estará muito mais presente e operativo na espécie humana do que noutra qualquer. E que nada terá a ver com o sofrimento "secundário", o banal sofrimento comum que os médicos estão habituados a tratar. As vicissitudes desse sofrimento básico, impregnadas e entrelaçadas na biologia corporal, visualizáveis no futuro centífico segundo cremos através da descoberta do que costumamos apelidar de "marcadores psicossomáticos", arquitectarão grande parte da sensibilidade e da reactividade pessoais.

- O próprio, o Self, o indivíduo, sem dar por isso, vive auto-regulando esse sofrimento. Essa regulação não pode ser determinada geneticamente, porque o desenho psicossomático que o sofrimento assume será em absoluto pessoal e em grande parte adquirido: será a sua identidade, no trajecto formatada. O corpo "sabe" regular e utiliza para isso os seus reguladores genéticos, mas utiliza-os na sua versão pessoal, modificada pela relação infantil. Fá-lo psicossomaticamente, estruturalmente, inconscientemente.

A expressão "inconsciente corporal", que alguns metaforicamente já começam a utilizar, ajuda-nos dalguma forma a compreender este conceito, embora não lhe possa corresponder exactamente e constitua uma insustentável extrapolação.

• O exemplo de mais fácil observação em tudo isso será o da sexualidade, com todo o seu trajecto: desde a psicossexualidade inicial que começa no corpo, como em artigos anteriores frisamos, passando pela sua organização mental subsequente, até novamente chegarmos à sua concretização corporal. A seu exemplo, a identidade será em tudo uma identidade corporal, "sabida" no corpo... em todos os seres vivos dotados de corpo... tanto na planta trepadeira como no ser humano... com graus de "saber" evolutivamente diferentes.

As forças instintivas da sexualidade e da agressividade inscreverão na identidade corporal muito de si... segundo o que pensamos e tentamos desenvolver... e todo o corpo vivo será um corpo sexuado, agressor e reprodutor.

• Tudo isto são hipóteses, muito atractivas em nossa opinião, que ensaiam uma teoria de coesão unitária para a Psicossomática que nos preocupa... quer na Saúde quer na Doença. São hipóteses naturais, companheiras de estrada da teoria unitária da dor que acima alimentamos. Mas são ideias, são procura de ideias, não são mais do que isso.

É sobre este "saber" do corpo que nos ocuparemos. Tecendo considerações, avançando algumas fantasias. Procurando alguma lucidez sobre um pressentido desconhecido, na consciência certa de não lhe podermos ultrapassar o limiar.

Não fazendo mais do que um anúncio, percutindo somente na sua porta de entrada.

FUNCIONAMENTO GLOBAL

Como evidenciamos nos textos anteriores, o estado mental e o estado físico de qualquer pessoa, em qualquer circunstância, em qualquer momento, serão sempre, desde o início, um funcionamento simultâneo instituído. Serão um funcionamento instituído e harmónico, que se pode desarmonizar, ou assumir uma harmonia diferente na doença. Embora, obviamente, mesmo aí, essa simultaneidade não deixe de existir. Nessa circunstância acontecerá alguma disfuncionalidade: mais no sentido físico, mais no sentido mental, conforme o caso.

Essas "duas vertentes", que constituem um bloco absolutamente indissociável, nunca se posicionarão em eventuais determinações duma sobre a outra, como tem sido habitual considerar na leitura comum. Serão tão inseparáveis como as faces duma moeda ou as páginas duma folha, seja nos caminhos da Saúde, seja nos caminhos da Doença, ou seja ainda, em toda a Psicossomática Estrutural. Em última análise não serão duas vertentes... são uma única, olhada dum ou doutro lado.

Como temos insistido também, será um absurdo separá-las, mas na verdade, até aqui, têm-se estudado sempre dessa forma: fala-se da repercussão do mental sobre o físico, fala-se da repercussão do físico sobre o mental. Utilizam-se nessas leituras várias fórmulas, vários conceitos, várias expressões, várias maneiras de creditar essa influência, mas sempre sem fugir à dicotomia. Trabalha-se segundo uma dualidade fixada, como se dum preconceito se tratasse. Como se ela estivesse definitivamente estabelecida na ciência e na cultura, como se não pudesse ser doutra forma. E quando um observador tenta esquecer ou ultrapassar essa condição, não dispõe de instrumentos suficientes para o afirmar: nem para o conceptualizar, nem para o dizer. No entanto, curiosamente, o mesmo observador, se se dispuser a estudar animais ou plantas, já assim não fará. A situação faz-nos lembrar um tão inexorável destino religioso que, decididamente, dá vontade de descer ao humano e tudo paganizar.

Nesse tipo de observação que a história das mentalidades cristalizou, reside o essencial do nosso conhecimento e do nosso pensamento nesta área. Nele reside também o essencial do nosso erro, em nossa opinião. Erro que actualmente se continua, na mesma tradição apenas um tanto disfarçada, na propagandeada exploração do cérebro como entidade onde se buscam orgânicos fios condutores dos trajectos ideativos, dos pensamentos, das emoções.

Onde se buscam localizações dos processos psicológicos, como se isso fosse atribuível a um determinado ponto, a um determinado circuito do cérebro, como se pudesse ser exclusivo de lá. Mesmo sabendo que a integridade cerebral representará uma condição *sine-qua-non* para que toda essa actividade aconteça, e que toda a sua neuroquímica em zonas electivas nisso participará, será óbvio para nós, que duma condição não resultará a outra, como apressadamente alguns querem divulgar. Não haverá nunca uma conexão de causa e efeito. Haverá, pelo contrário, um unívoco com passagem naquela zona, um simultâneo funcional, uma conjuntura, um facto psicossomático, no sentido que damos à expressão.

E será assim porque haverá à partida, em nossa opinião, em todo o nosso funcionamento, esse saber vital que por agora nem sequer mencionamos e muito menos estudamos: o saber do corpo. Que estará sempre presente e participa em todas essas operações. Que será indispensável na funcionalidade. Que será algo muito diferente do que a Bioquímica cerebral por um lado e a Psicanálise por outro, têm até hoje aprofundado.

Muito trabalho falta ainda para fazer circular, em bases sustentadas, esta concepção.

COMO ASSIM?

A maior dificuldade desta concepção reside numa questão de princípio: no estado actual dos nossos postulados científicos, para o observador comum, cientista ou não, o "saber" substantivo será sempre coisa mental, apenas mental. Será coisa mental e ponto final parágrafo: sem haver possibilidade de "saber" doutro cariz. Historicamente nos dispusemos nesse registo, avaliando academicamente o saber, definindo-o desse modo, objectivando-o na diferença entre o bairro negro e o bairro latino.

Será difícil abstrair dessa imposição e dessa qualidade mensurável, racional. Mas, se pensarmos um pouco, veremos que o corpo só poderá participar no seu funcionamento global se tiver um "saber" suposto dentro de si: um saber não susceptível de medida, jamais apresentável na academia sueca. E que, se quisermos distribuir esse corpo em fatias, como na Medicina se faz, seremos também obrigados a pensar que o cérebro só entrará nos circuitos ideativos que referimos se tiver esse mesmo saber ímplicito: doutra forma seria um mero produtor de pensamentos, à maneira da suprarrenal que produz adrenalina ou do estômago que produz ácido clorídrico, segundo a nossa fisiologia tradicional.

O corpo terá um saber montado, vital, organizado. Será lógico fantasiar nessa direcção porque ele, com todas as suas fatias, participa em tudo, sem reservas, sem esforço. Participa automaticamente, sem levantar questões. Apercebemo-nos todos dessa faculdade, mas na nossa actual ignorância atribuímo-la a galáxias mais ou menos filosóficas. Tendencialmente designamos esse saber por "vida", "alma", "instinto", "existência", ou espiritualidades semelhantes, sobremaneira prosseguidas em divagações culturais ou em displicentes expressionismos abstractos.

Diríamos: o corpo impregnou-se dum saber ao longo do seu trajecto. Terá de ter sido assim. Foi-se acrescentando desse "saber" durante a evolução das espécies, desde o monocelular até ao Sapiens propriamente dito. "Vestiu-se" paulatinamente até chegar à espécie que somos. Entre nós "revestiu-se" ainda duma camada brilhante, na roupa individual que cada um de nós lhe conferiu. O corpo cresceu, desenvolveu-se, formou-se, arranjou-se, sabendo o lhe foi possível saber, adquirindo experiência utilizável (inteligência do corpo?). Adaptou-se, ligou-se, aprendeu-se, somou-se em vários ângulos de observação: em construção, biologia, comportamento, cultura, linguagem, pensamento, relação afectiva, agregação, sentido de si ... Sobretudo, nesse trajecto, continuou-se sabiamente em si ... até verdadeiramente chegar a si: dado que esse ideal foi e será sempre, intrinsecamente, a finalidade única da evolução. Sem esse virtuoso desiderato a evolução nem faria sentido, o que nos levaria a ter de concordar, ou de plenamente aceitar, que a fatalidade paradisíaca estagnada continuava totalitária no Universo, o que não é nada verdade.

Será lógico atribuir uma composição corporal progressiva a todo um saber dispensado de mente. O corpo saberá, como hipótese, em sentido geral e em sentido pessoal, mas:

Como se terá articulado esse saber dentro do corpo: dentro de si e para dentro de si?
Como se foi construindo?
Como se terá organizado em cada indivíduo, sabendo-se que na formatação de cada um, na sua reactividade, na sua identidade, entram as características da espécie humana, mas entram também, inquestionavelmente, as características adquiridas da pessoa?
Como poderemos reconhecer e captar as eventuais luminosidades do seu processo?

*
* *

Não sabemos responder. Para já. E seria talvez conveniente ficar por aqui e terminar o artigo. Mas, pensando melhor, já sabemos, por exemplo, que o corpo tem o saber de nos avisar quando algo vai mal, tem a faculdade de nos dispensar os seus sábios sinais, os seus alertas, os seus sintomas. E que o faz como qualquer outro elemento da espécie o faria, mas fá-lo também personalizadamente. E que nas outras espécies isso também terá obrigatoriamente de acontecer: senão não viviam, morriam ao nascer.

O corpo humano avisa-nos, lança-nos linguagens mais ou menos perceptíveis, alerta-nos por exemplo de que estamos a ficar doentes. Emite anúncios, ilumina horizontes, usa telegrafias. Diz-nos abnegadamente que será preciso mudar, que será importante voltarmos ao silêncio da saúde básica anterior. Que devemos voltar à condição ancestral que ele certamente rememora, fazendo-o de forma empenhada. Devemos agradecer-lhe portanto. Mas devemos também reconhecer-lhe a certeira oportunidade, que só alguém muito sábio poderia disponibilizar. Ele usufrui disso.

Ter azia, por exemplo, será um aviso de sentido alimentar ou outro, na evidência de que o próprio corpo saberá ao que se refere: senão não "falava" dessa maneira, nem nos concedia o prestimoso favor de reclamar. Ele dispõe do "saber" de o fazer, facto que não terá nada de mental nem de genético.

Quando invocamos os instintos para explicar esta circunstância, atribuindo-lhe méritos absolutos nesta operação, estaremos apenas a confabular envergonhados. Quando recorremos e tentamos generalizar por essa via, será forçoso lembrar que os instintos são muito diferentes de espécie para espécie. E que na série vegetal, onde esse "saber" terá de acontecer também, necessariamente, em partitura idêntica à do ser humano, o conceito de instinto não tem qualquer cabimento. Não será aplicável de todo.

Em nosso entender, a própria criação do sentimento de identidade, tão decisivo e tão banal ao mesmo tempo que até dele facilmente nos esquecemos, esse mesmo sentimento que nos proporciona a unidade e individualidade indispensáveis à função de existir e de viver, à função de estar aqui, só será possível através desse saber do corpo e do sentimento de coesão que dele decorrer. Ou seja, a identidade só será possível, só se avaliará, através da participação essencial daquele corpo no seu processamento, o que nos dirá da importância da sua presença e do seu saber. A coesão do corpo, em princípio, imprime identidade, dita a sua imagem e semelhança: não haverá nunca identidade sem corpo, nem corpo sem identidade, muito menos ainda sem corpo identificado, no saber participativo de tudo isso.

Neste universo bem caracterizado e definido das espécies, em corte transversal, cada uma delas "sabe" exactamente o lugar onde está, o que lhe compete corporalmente fazer, sabe a sua escala relativa. No seu crescimento, nas condições que terá de trabalhar para a sua sobrevivência, é o corpo que executa (mesmo que seja apenas um caule ou uma vorticela). Em todos os momentos e movimentos, ele não poderá deixar de sabiamente desempenhar, para animais ou vegetais, esse papel preponderante no seu destino.

O que acontecerá da mesma forma em nós, com diferenças de altitude. Uma consciência do corpo "pessoalizado" e coeso terá de estar presente, "lutando" pela sua saúde e pela sua longevidade, embora só no humano isso por norma seja considerado. Mas nenhum corpo poderá abstrair-se da sua biografia.

Isto é de tal importância que, lembremos, na espécie humana as maiores angústias conhecidas são precisamente as da perda desse saber: serão a dissolução da identidade corporal que lhe confina o sentimento de coesão. Essa dissolução, que corresponderá ao sentimento de desintegração corporal, será exemplarmente o que o esquizofrénico inicial teme e num absoluto pânico nos mostra. São angústias e pânicos duma brutalidade assustadora, que não deixam nunca de ressoar identificatoriamente no alarme estridente de qualquer observador. Como já todos tivemos certamente ocasião de observar e "viver", em várias circunstâncias. Será a perda do saber do corpo.

Essa desintegração mental do corpo será o pior que nos pode acontecer. Seja no rasgão real ou na fantasia psicótica. O mais grave para o ser humano não será a morte ou a ideia da morte. Será o assombro deste medo, o terror de se desintegrar: ou seja, será o medo de perder o saber do corpo, o terror de lhe ver retirado o saber que lhe dá coesão.

Será isso também que, no interior de cada um de nós, absolutamente sinaliza a sua importância.

*
* *

Quando estudamos o corpo aprofundamos até ao limite a sua fisiologia quantitativa, os seus dados laboratoriais: analíticos, endócrinos, celulares, microcelulares, genéticos, quânticos, tudo quanto quimicamente necessário for. Incluímos nesse estudo o posicionamento relativo ou o jogo completo entre as várias parcelas químicas isoladas. Procuramos somar as partes, dar-lhe conjunto, conceber as respectivas inter-influências, as eventuais perturbações. Ficamos elucidadíssimos a esse respeito, mas não cuidamos de interrogar o que verdadeiramente moverá a coesão interna desse corpo, onde tudo se passa. Que não pode ser apenas coisa mental. Que não pode ser apenas coisa genética.

Não cuidamos de saber o que verdadeiramente unirá as suas partes, avindas ou eventualmente desavindas (na doença), num funcionamento primordial ajustado. Admitimos tacitamente que será movido por si próprio ... mas, como desempenhará ele essa função, com que conhecimento? A ciência, até agora, teve sempre coisas mais importantes para investigar, esqueceu-se disso, nunca para tal se programou.

Esse corpo, em circunstâncias normais, funciona activamente e desembrulha-se inteligentemente, dado que o faz sem qualquer interrupção, sem qualquer atropelo, sem qualquer disfunção. Funciona sabendo o que faz, o que deverá fazer: sabe sempre comportar-se, em todos os momentos, em todas as condições. Cumpre airosamente, sem esforço, com permanente disponibilidade, em todas as agressões, em todas as alegrias, em todas as condições, boas ou más. Fá-lo em silêncio, soltando rugidos apenas quando se inerva e nos quer avisar, ou seja, quando é necessário levantá-los (levantar-se!) contra algum ataque que provoque dor ou inadaptação. Chamando nós depois "doença" a esse levantamento, ao apelo que dele emerge. E fá-lo sem que ninguém lho diga, sem que ninguém lho peça, sem livro de instruções.

Fará assim, certamente, porque o sabe fazer: como saberão fazer todos os animais e plantas. Porque terá antecipadamente esse magnífico saber, por completo independente do estado mental (o corpo do indivíduo, mesmo em estado de coma, mesmo com a capacidade psicológica absolutamente ausente, continua do mesmo modo portador deste saber e a funcionar no seu mesmo registo), ou doutra condição diferenciada qualquer.

Quando uma planta rastejando cresce em direcção à água que a sobrevive, não se alinha em direcção ao deserto onde morre. Escolhe, sabe. E não o fará apenas geneticamente: fá-lo também porque terá um saber no seu corpo, aprendido na experiência de vida que a orienta. No exemplo humano mais banal, o corpo segrega mais ou menos adrenalina ou outro mediador qualquer, em certas situações ansiosas, sem que o próprio tenha necessidade de sobre isso se cuidar. Sem que ninguém lho comande. Não são os neurotransmissores, nem os sistemas neurovegetativos, nem os sistemas endócrinos, nem outras biologias, que terão competências para isso: esses apenas respondem. As partículas biológicas elementares apenas reagem, dentro da sua obrigação: cumprem a sua parte daquilo a que um saber mais geral as obriga. Fazem-no bem feito, mas respondem às cegas, desconhecendo em absoluto a especificidade da situação. Em si mesmas, não têm saber nenhum. Só o corpo globalmente o terá e as fará funcionar.

Mas não é isso que continuamos a ouvir dizer e que, insensivelmente, costumamos propagar.

*
* *

O chamado "relógio interno", a reconhecida verificação dum ritmo biológico automático, serão disso bons exemplos. A evolução harmónica da disposição sexual e da agressividade, durante o percurso de vida, sê-lo-ão do mesmo modo.

"O fígado pensa..." dizia há anos um autor, de forma por muitos considerada provocatória. Não nos parece que se possa dizer de facto dessa maneira. Nesta nossa concepção, em vez de "o fígado pensa" ... diríamos "o fígado sabe ... e na globalidade daquele corpo participa no seu saber"... Sabe e procede em conformidade, de fonte segura, em todas as situações, mesmo quando se estraga por durante tempo excessivo ter procurado manter a inteligência no portador, defendendo-o sem o conseguir, tentando integrar a sua parcela de saber no saber global.

O actual conhecimento do "genoma" em pouco alterará esta questão: o seu "saber filogenético" existirá no corpo certamente, sinalizando a sua evolução e a sua arqueobiologia transmitidas geneticamente. Mas outro "saber" existirá como superestrutura, igualmente inscrito no indivíduo. E haverá o conjunto funcionante dos saberes. Os genes sabem e determinam, mas não podem saber tudo o que aquele indivíduo sabe, nem tudo o que o corpo daquele indivíduo aprendeu e realizou.

O corpo terá o seu saber para além dos genes, em nossa opinião: em primeiro lugar porque o exerce, em segundo lugar porque o exerce acertadamente, em terceiro lugar porque continuará a fazê-lo, sem que aparentemente alguém o possa desviar ou lho ensine, como se ensinasse a fazer contas de somar. Não será um saber escolarizável, escolarizado, escolar: será um mais intrínseco e verdadeiro saber.

O CORPO SABE

Conhecemos um doente que deliberadamente não cumpria as instruções alimentares que a arte médica com grande justificação lhe impunha. Dizia: "o meu corpo é que sabe o que lhe faz bem ou mal". Não era o próprio, era o apenas o seu corpo que saberia o que lhe faria bem ou mal. Para isso, antes de comer, fazia uma "prova de boca". Mentalmente saboreava o produto: se lhe soubesse bem comia, doutra forma rejeitava. Era uma pessoa licealmente instruida, que tinha vivido trinta anos em Timor, onde se despiu de parte do seu registo cultural e gostosamente "regressou" a um conhecimento mais puro, menos contaminado. Pelo menos foi essa a leitura que para nós próprios fizemos. Os médicos desesperavam-se, mas a convicção dele era total e o sucesso também, parecendo o facto situar-se, na verdade, muito para além do aspecto meramente anedótico.

O doente no fundo fazia o que nós todos fazemos, com menor quantitativo de expressão: havia algo no seu corpo que o orientava, algo que não podia ser a chamada memória de sentido comum. Algo que também não era um produto cultural, nem uma atitude psicopatológica de suspeitar. Que existia antes disso: um saber notoriamente mais interior, um saber do corpo, talvez pouco consciente, muitíssimo intuído naquela pessoa. Tratava-se de alguém que "desaprendeu" a cultura médica ocidental, que no contacto primitivo foi obrigado a reparar melhor no seu corpo, a recuperar a sinalética mais pura do seu saber. A medicina dos povos primitivos terá certamente boas lições a nos prestar, a este respeito.

Os herbívoros na savana não comem as plantas venenosas, certamente também por isso. Há neles esse saber selectivo, o saber do corpo instituído, que se tem vindo a perder na civilização da espécie humana e que a ciência médica, na sua canseira, liquidou de vez. O corpo pedirá determinada comida e rejeita outra, conforme a sua sabedoria interna lho indica, contrariando a imensa biblioteca que todos transportamos no pensamento. Deixando--nos desconcertados e infelizes.

Os reconhecidos benefícios da "crença" do doente no acto terapêutico, o efeito placebo, a acupunctura, o controlo do corpo nas técnicas orientais, muitas práticas "paralelas" e outras, em vez da nebulosa explicação sugestiva que altivamente lhe costumamos atribuir, explicar-se-iam facilmente somando-lhe este saber do corpo. Cenestesias e outras estranhas sinalizações corporais, vulgarmente ditas parapsicológicas, poderão explicar-se no mesmo contexto. O efeito variável do medicamento em cada doente, as "idiossincrasias", as "alergias", os efeitos paradoxais, relevam mais deste saber do que das funções fisiológicas, endócrinas, linfocitárias, imunitárias, biomoleculares ou outras, que entram no processo mas não o constituem: que são apenas intermediários, despertos nesse mesmo processo.

O corpo saberá portanto. Saberá sobretudo como lhe convém actuar, mas não traz livro de instruções: nem em português, nem inglês, nem árabe ... não usa língua de gente conhecida. E exerce esse saber sem esforço, em princípio. Só na doença de recomposição haverá turbulência. E terá, lá no fundo, uma expressão bonita para se manifestar: uma alegre sinfonia, uma careta de satisfação, uma vibração de gozo, uma vitalidade exercida, um prazer que desconhecemos. Até agora conhecemos apenas algumas traduções mal feitas, sem graça, sem emoção. Traduções baratas, grosseiramente mal cumpridas, debitadas por instrumentos artificiais, atapetadas em racionalizações, impregnadas de laboratório.

Mas ele terá essa linguagem essencial, adquirida antes de haver capacidade de simbolização, criada antes de termos inventado a cultura. Será a linguagem dos "marcadores psicossomáticos" que antevemos, posta à prova e melhorada na experência de vida, na história da vida, no processo de viver.

A civilização actual encontra-se necessitada dum Champollion para decifrar estes hieróglifos do corpo. Encontra-se necessitada dum autor, que se calhar já nasceu: querendo nós com isto salientar a sua carência epistemológica e a urgência da sua proximidade, para que o conhecimento melhore e a Psicossomática possa sair do encalhe onde tropeça. Temos quanto à Psicossomática de hoje este sentimento incómodo de rodar em torno de algo definitivamente redondo, sem ponta por onde se lhe pegue. De algo esterilizado e circular, que só um golpe de asa criativo e decifrador lhe alterará o desconhecido.

Temos também perfeita consciência de que estamos apenas a conjecturar: a falar do que não sabemos, no sentido comum da palavra saber. De que estamos a falar do apenas vislumbrado, numa dedução com alguma lógica, a qual, se por um lado nos apoia e sustenta na reflexão, por outro lado nos limita, dado que indisfarçavelmente nos situa ainda no mesmo sistema. Situa-nos ainda dentro do binário lógico-científico actual, embora nesta altura ele pareça estar próximo do fim como paradigma inquestionável. A ciência, em nossa opinião, encontra-se em trânsito, num estado tensional próximo duma mutação, não sabendo nós obviamente os caminhos para onde seguirá.

Buscando referências psicanalíticas, surge-nos vontade de reputar que a distância que vai deste vislumbrado suposto ao científico conceptualizado, é a mesma que vai do Ideal do Ego que fantasia ao Ego Ideal que bloqueia. Fantasiemos pois, focando esse outro tipo de saber que até agora desconhecemos.

E surge-nos vontade também de lembrar que, se por acaso tivermos a tentação de sobre isto invocar o inconsciente, explicando-nos nele e por ele, não estaremos a fazer mais do que um deslocamento ilusório de conteúdos. Será mais uma tentativa falhada, mais uma massagem intelectual para esconder a nossa própria dificuldade em ultrapassar o paradigma. Será uma forma muito nossa, sempre atractiva como sabemos, de deslocarmos para terrenos conhecidos as angústias do desconhecido.

Mas neste caso isso será bastante ineficaz. Será um trivial mecanismo de defesa, porque o "inconsciente" do corpo, ou alguma concepção que à volta disso ronde, não poderá ser um espaço de representações recalcadas. Este "saber" existe e funciona muito antes de haver representação ou recalcamento. Será uma linguagem interna, antes de haver qualquer hipótese de pensamento, antes de haver qualquer possibilidade de mentalização. Existirá antes de haver repressão, tal como a supomos até agora. Embora tenha obrigatoriamente de ser designado e visto doutra forma, não estará longe, no entanto, do que Freud intuia como "recalcamento originário", conceito de percepção difícil ou impossível se nos propusermos dessa forma teorizar. Será "originário" mas não será "recalcamento": será este saber do corpo. E quando chamamos "psicossomáticos" aos marcadores relativos a essa linguagem interna, isso poderá parecer contraditório: ser "psico..." antes da possibilidade de o ser será uma contradição ... pedimos desculpa mas, usamos ainda o termo psicossomático porque ele é universalmente conhecido e porque não dispomos doutro melhor, embora preconizemos que ele mais tarde ou mais cedo se revogue.

Deste saber também nos informam os actuais conhecimentos sobre a vida intra-uterina dos bebés. Os bébés terão "competências de pensamento anteriores à intencionalidade de pensar", segundo descrevem os investigadores dessa área. No bebé intra-uterino, limpo ainda das relações organizadoras duma vida mental, a sabedoria do corpo existirá antes do "saber" de sentido psicológico que estamos habituados a referir. O corpo do bebé "saberá" antes de haver possibilidade de saber, antes do nosso trivial conceito de saber. Será uma tentação atribuir esse saber à "natureza" e ficar por aí. Mas isso seria regressar aos tempos bíblicos.

*
* *

Este "saber" do corpo entra claramente noutro terreno. Entrará noutro núcleo de base e noutro processo específico, diferente certamente de todos os desenvolvidos até agora. Núcleo que, em nossa opinião, não poderá ser um núcleo investigacional e conceptual que some os actualmente conhecidos, procurando miscigená-los. Todos os ângulos de investigação actuais: médicos, psicológicos, psicanalíticos, neurobiológicos, neurocientíficos, etc. têm centralidades de concepção e de leitura muito caracterizados, co-existem apenas num ensaio de conjugação que nunca poderá ir além de determinado ponto.

Tentar conjugar, ler em seminário, partilhar em confraria, será atitude louvável e positiva, mas será apenas ramagem. A conjugação dos núcleos será uma impossibilidade, o que não acontecerá apenas por razões narcísicas, embora elas também contem. Só um núcleo novo e diferente será operacional. Será necessário inventá-lo.

*
* *

A descoberta recente de competências do ADN pertencentes a todos os seres vivos, indicando a existência de genes comuns a todas as plantas e animais, desde o monocelular ao mais complicado, desde o protozoário até ao ser humano terrivelmente inteligente, também acrescenta algo nesta matéria. Acrescenta argumentos a favor deste saber do corpo, melhorado progressivamente na evolução. Diz-nos que todas as espécies vivas, animais ou vegetais, partiram dos mesmos elementos e que parcialmente os conservaram, obtendo alguns outros (poucos) no caminho, os quais justificam e lhe sinalizam a diferenciação sem deitar fora os anteriores. Que circula entre todas um elo de continuidade, em princípios de base, em princípios "originários".

Se os animais ou plantas mais rasteiros não tivessem um "saber" para além dos propulsores vitais que lhes costumamos atribuir, se só procedessem fisicamente por não lhe ser reconhecida a mínima possibilidade de saber mental, como se arranjariam adaptativamente durante todo o seu tempo de vida? Eles manifestamente não dispõem de qualquer processo mental a sustentá-los, nem condições para o criar. Não saberão nada de facto, ou, pelo contrário, saberão doutro modo? Apesar de efectivamente não disporem do mínimo indispensável para haver cabimento do conceito trivial da palavra "saber", a verdade é que procedem, sabem proceder. Neles terá de constar um saber, que também não traz livro de instruções, ousamos repetir, nem pode ser apenas genético.

Por outro lado, a chamada "sabedoria" dos velhos, não será basicamente este saber do corpo, adquirido aos soluços desde há milhões de anos? Não será este saber, adquirido e progressivamente melhorado na evolução, que lhes movimenta a capacidade de melhoria?

A evolução aconteceu, a partir do embrião inicial. Gizou-se num módulo cada vez mais sábio (não encontramos melhor designação para este facto), cada mais agenciado na complexidade sucessiva das espécies. Tão sábio que raramente se transtorna, mesmo antes de haver qualquer inteligência a sustentá-lo. E se um transtorno verdadeiro acontecer, já nem de facto cresce, porque a regulação geral acabou. Não será isso a sabedoria, depois mais ou menos pessoalizada?

Tudo nos indica uma regulação instituída em movimento eterno nos seres vivos, para além da regulação dos genes. Um saber para além do conhecimento da lista telefónica dos genes, como há dias dizia Sydney Brenner, no Porto. Este cientista, considerado o "pai do genoma", lembrava-nos que conhecer o genoma é muitíssimo importante, mas será idêntico a conhecer a lista telefónica duma cidade. Não será mais do que isso, pelo menos por agora. Será um avanço importantíssimo, melhorado quando se editarem as páginas amarelas, mas nada nos dirá, nunca, sobre a vida dessa cidade. Nela haverá outro saber, centrado numa regulação funcionante da evolução, tão existente nas pessoas como na vida dessa cidade. Saber melhorado na diferenciação, pouco a pouco elevado, instalado no corpo em crescimento. O corpo cresce porque sabe crescer, porque tem esse caminho determinado, tem esse saber que o acciona e mobiliza geneticamente, mas aprendeu e aprende muito no caminho

*
* *

Nos humanos, mesmo o lidar masculino ou feminino com a doença é diferente, pelo saber adaptado que cada sexo em si mesmo desenrola. Pela sexualidade se implicar neste saber do corpo. Como habitualmente se diz, as mulheres "amansam" a doença e os homens "combatem" a doença, numa diferença aparentemente apenas cultural. Mas, diremos nós, isso dependerá também da forma como a vivência do sofrimento básico, ligado à sexualidade, psicossomaticamente se inscreveram no saber do seu corpo. O corpo será sempre um corpo sexuado: a sexualidade instintiva desempenhará um tonus primitivo em todo esse próprio saber.

Noutro exemplo ainda, a "aceitação" variável que o corpo faz da imensa quantidade de bactérias circundantes disso também dependerá. A "fragilidade" suposta, maior ou menor, ligada ao sistema imunitário, far-se-á sentir certamente, mas o êxito do exército bacteriano invasor não dependerá apenas disso. Quantas gripes não passarão de sábias estratégias de aceitação da bactéria, por parte do corpo, para resolver entretanto outros problemas (stress, depressão, culpabilidade, etc.), saindo o doente da gripe muito melhor do que estava antes. Mas nós não sabemos como esse saber fisiologicamente circulou, embora saibamos muitíssimo bem a fisiologia do estômago, do coração, do sistema nervoso, das bactérias, em todos os sentidos que a palavra possa tomar.

O corpo terá essa sabedoria intacta, primitiva, evolutiva, até que algum transtorno o impeça. Sabedoria que, por exemplo, no cancro se perdeu. O cancro será um transtorno do saber quanto ao crescimento: perturbaram-se as fronteiras, os limites falharam. Perturbou-se a relação do saber do corpo com o próprio corpo, perturbou-se-lhe a sabedoria que antes, além de estar sempre presente, era funcionante silenciosa. Que o encaminhava sem descuido para um caminho certo, a que ele obedecia cegamente, portando-se como deve ser.

Porque se terá corrompido tão beatífico rendimento?

A CIÊNCIA DO CORPO NÃO É O SABER DO CORPO

Procurando responder a essa questão, surge-nos a necessidade de repetir que a ciência do corpo não é o saber do corpo que temos vindo a presumir.

"Ciência" é um conjunto de conhecimentos obtidos segundo um modelo preconcebido. Baseia-se num método próprio, orienta-se para um objecto determinado. É um conjunto de teoremas de Pitágoras organizados num desenho sobre a prática, necessariamente rascunhados segundo uma representação mental previamente conceptualizada num sistema. Reprentação demonstrada "algebricamente", quer o seu sistema se exprima de forma matemática, como é o mais vulgar, quer de forma gráfica ou verbal. "Paradigma" será a gramática fornecida a esse conceito inicial de ciência, o qual será necessariamente geometrizado para que ela possa funcionar como modelo de investigação. Para que ela possa ser transmitida universalmente, sem alterações de fonética ou sintaxe. O paradigma terá de existir, para que através dele a ciência continue a ser o que pretende ser: uma lei.

O paradigma formatará na passada um conjunto de postulados, onde se envolverão todas as outras componentes enredadas na teia. Onde eventualmente, mas só nos períodos mais atrevidos (nas revoluções), se enxertarão novos movimentos de descoberta. Na sua estrutura, todo o sistema paradigmático viverá suportado em três parâmetros fundamentais, tão deliberativos que os poderíamos designar de estatutários: continuidade, coerência, acumulação de conhecimentos. No Porto continuar-se-á coerentemente o acumulado no Alaska e vice-versa.

Por isso, a ciência duma época é fundamentalmente o que "deve ser" a ciência dessa época. Ou seja: a realidade científica da época será a verdade científica da época, e o seu paradigma será a sua verdade eterna. Será o seu profeta, até que um dia possa deixar de o ser. A "ciência normal" terá portanto sempre esta presunção: investigar segundo as linhas que ela própria instituiu, procurar através do aprofundamento que ele própria inventou, saber sempre mais do que o vizinho sem sair da matéria. Tudo na condição de se manter no bom caminho. Em caso nenhum admitirá modernices no encontro, sob pena de excomunhão.

Nessa linha, na nossa ciência médica, o nosso desejo científico mais correcto, o mais lógico, o mais seguido, o mais reputado, será o aumento do alcance do microscópico ou o aumento da capacidade matadora do antibiótico. Mas uma pergunta se poderá colocar: e quando não conseguirmos ampliar mais o microscópio? e quando não houver mais microscópio para supor? e quando não houver mais bactérias para liquidar?

O que equivale a perguntar: não seria interessante desde já tentar voltar ao ponto zero, sem deitar fora o adquirido, gerando o tal núcleo novo e inicial de que atrás falávamos?

Era isso que nos encantaria desencantar.

*
* *

Mas é desde logo muito difícil ou mesmo impossível fazer uma limpeza do campo operatório do investigador, porque isso obrigaria a uma limpeza de si próprio. Seria uma limpeza de quase tudo. Obrigaria a uma revolução interna, além da revolução externa, que só uma ou outra personalidade "esquisita" conseguirá. Tudo porque o paradigma agasalha o investigador, protege-o, aquece-o, defende-o das perigosas erupções malignas do outro lado. E nós somos todos cientistas obedientes e bem formados, ou pretendemos ser: com variabilidades apenas na sofisticação e no grau. Pelo menos julgamos que somos: assim pelo menos procedemos. Trata-se ainda por cima, embora aí continue um sinal da nossa própria limitação, dum modelo de identificação olimpicamente patrocinado.

Mas esta condição também nunca nos permitirá, nem ao realmente cientista nem a ninguém de nós, uma verdadeira apreensão da realidade. Porque entre nós e ela constantemente se interporá a representação mental que dela previamente estabelecemos, sem dar por isso. O mundo será sempre a construção mental que dele fizemos, não o mundo real sem esse filtro interposto. A ciência constituirá portanto em nós, não mais do que um instrumento interno e um modelo de comunicação fixado, cujo circuito se poderia resumir desta forma: tudo aquilo que alguém fez podia ter sido feito por outra pessoa qualquer, em qualquer outra parte do mundo, porque todos usamos o mesmo filtro. Congratulámo-nos com isso, mas não saímos disso. Limitados sempre seremos.

Mas como poderemos estudar o corpo humano, o seu saber, se assim quisermos falar, se o corpo de cada um é absolutamente pessoal e intransmissível? Se não tem nada a ver com o da cama do lado, quer com ele se relacione bem ou mal? Se tem uma existência configurada numa identidade pessoal, que absolutamente o distingue dos outros, que lhe confere o mais básico sentimento de vida, que lhe atribui um vínculo tão significativo que a sua perda será mortal? Onde até a curiosa actuação do banalíssimo vírus da gripe varia de corpo para corpo, como dissemos, e disso depende?

Queremos com isto acentuar que, para o cientista e para o ser comum em geral, em cada época, a ciência será um inultrapassável "negócio de alma", como há tempos sorridentemente nos seduzia uma verdadeira profissional da investigação. E que apenas investiga partes. E que sobretudo investiga partes do método e do alvo, jamais a capacidade intrínseca do que somos.

Por isso dizemos que a ciência do corpo é muito diferente do saber do corpo. E que, para nos desembaraçamos desta complexidade e desta necessidade, nesta altura do campeonato, estamos a precisar dum desses seres esquisitos, também chamados génios mais tarde. Um desses que fizeram revoluções, introduzindo linhas oblíquas nos paralelismos politicamente correctos da ciência, para podermos prosseguir naquilo que combinamos chamar Psicossomática Estrutural.

Em nossa opinião será uma questão de rota, para que a infindável peregrinação de busca possa eficazmente desembaraçar-se no horizonte. Há um enorme caminho a percorrer, na insatisfação actual da resposta.

O CORPO: O QUE SERÁ?

Mesmo o conceito de corpo, nesta visão da ciência médica, também só por si varia conforme ao ângulo do observador. Mesmo sem que o paradigma básico se desmereça. O que acrescenta novas contrariedades.

Em Medicina, primeiro que tudo, corpo é Ciência, em todo o seu esplendor. Será Anatomia, Fisiologia, Genética, Objectividade... O chamado saber médico reside na racionalidade e no resultado do estudo laboratorial dessas parcelas. Esses conspícuos conhecimentos generalizaram-se. Estão bastante presentes e definidos dessa maneira, em todos os profissionais, mas também em todos os doentes, porque a ciência médica hoje faz parte da cultura e impregnou-a completamente. Médicos e doentes todos somos quanto baste, mais ou menos auto-contemplativos, mais ou menos sofisticados. Não se lhe poderá higienicamente fugir. Os médicos sabem muito, estudaram muito, têm quilómetros de manuais nas prateleiras, mas nem uma linha propiciaram sobre este saber do corpo.

Em Psiquiatria, há várias versões sobre o corpo. Numa versão denominada Psiquiatria Biológica, que no seu núcleo duro centrado numa perspectiva química de alcance veterinário não passa duma limitação da possibilidade do ser humano ser considerado ser humano, tudo se identifica à Medicina tecnológica anteriormente referida. Noutras versões, que já consideram a Psicologia ou a Psicologia Dinâmica, conceptualiza-se que o corpo será a "consciência do corpo". Nelas entra já a consciência de si, considerando-se a identidade corporal encaminhada no sentido da sua vivência interna. Falam da imagem do corpo, do "Ego corporal", perspectiva em que só reparamos nos momentos especiais: na doença por exemplo. Nesse conceito, a representação do corpo será uma estrutura basilar, que funciona constantemente e alicerça. O corpo será também um lugar de linguagem, para o exterior, para os outros: através de palavra, mímica, gesto, olhar. O "corpo psicológico" revelar-se-á nessa comunicação interpessoal, no que ela tem de mais íntimo.

Mas, como se terá construído essa consciência do corpo comunicante, durante a relação infantil de que certamente depende? Fez-se só por si, na relação, ou haveria algum saber prévio nessa relação modelado? Não é costume levantar sequer esta questão.

Em Neurologia, focam-se sobretudo os esquemas corporais, neurologicamente distribuídos, com as actividades simbólicas contidas. Numa amputação, por exemplo, o doente guarda intacto o "esquema" que fazia do seu corpo, antes da amputação. "Desconhece a amputação": – o membro amputado dói como membro fantasma não estando lá. Mas, nessas situações, como noutras anosognosias e assomatognosias, para além das racionalidades biológicas e psicológicas com que habitualmente procuramos credibilizar a sua compreensão, não haverá outro saber em exercício? O corpo não saberá tanto de si que até sabe recompor a parte amputada, alucinando-a através da dor?

E o corpo em Psicanálise? Qual a importância que nesta ciência lhe tem sido dado? Até que ponto e de que forma, as versões psicanalíticas sobre ele, as suas leituras consubstanciadas nas respectivas concepções psicossomáticas, o consideram? O "corpo distorcido" dos anoréxicos e dos bulímicos, por exemplo, como terá acontecido? Quem pensa nisso, como se analisa isso? Como se distorceu, quem distorceu aquele corpo, sabendo nós que os inte ressados não o vêm como nós o vemos, que se consideram perfeitamente bem naquela magreza, que serão até gordas de mais em seu lúcido entender? A mente deles continuará completamente simultânea do corpo? Ou apenas reagirão aos impropérios do tratador?

Não será, exemplarmente a sabedoria do corpo que se alterou ou perdeu, apesar do portador, na linha do que vimos dizendo? Também não é costume falar disso.

*
* *

Nesta diversidade significativa de leituras, todas passadas dentro da Medicina e da Psicologia, não podemos deixar de lembrar que no corpo haverá uma linguagem, que focada ou desfocada num sentido ou noutro, acabará por justificar estas variações. É de facto estranho pensar-se de formas tão afastadas, dentro da mesma Medicina. O que, como quem interpreta alegremente, nos apetece significar deste modo: falamos diferente porque falamos da ramaria, não falamos da raiz da linguagem. Porque não falamos ainda do saber do corpo. Apenas o descrevemos, superficialmente, parcelarmente, visto de fora e de cima, visto da janela de cada um.

As situações de despersonalização, desintegração, desagregação, hipocondria, que serão os referentes psicopatológicos privilegiados na área corporal, indicam-nos que o corpo participa necessariamente nesses movimentos, justamente através dessa capacidade de linguagem para dentro potencialmente montada. Cada especialidade médica, como cada pessoa, promove diversidade de leituras, porque o próprio "lê" o seu corpo conforme o uso e a ciência que dele colheu.

As circunstâncias patológicas sinalizam alterações do corpo ressentido na sua sabedoria, tocam-no nos seus limites, na sua moldura. Atingem-no no seu continente, na sua diferenciação sujeito//objecto. Serão, exemplarmente, em nossa opinião, alterações da "sabedoria" do corpo, do saber do corpo que se estragou (adoeceu) na relação com o seu desenho. Cada especialidade médica também pode "estragar" cientificamente o corpo, lendo-o apenas no seu ângulo, o que será deformador. O corpo será uma experiência vivida de várias formas, será a "consciência de si" como sujeito autónomo, diferente dos outros, se tudo funcionar adequadamente, o que não acontecerá se a sua sabedoria se perder. Na Medicina, na ciência médica, tudo isso pode acontecer.

No seu desenvolvimento, o sujeito estabelece uma relação com os outros através do corpo, mas estabelece também uma relação consigo mesmo, para dentro do seu próprio corpo. Conforme as angústias nisso envolvidas, conforme as projecções e os desenhos, assim se organizam as coesões internas e as patologias. Falar disso já introduz um pouco dessa sabedoria que pretendemos salientar. Introduz uma dimensão globalizante, permanente, que existirá sempre.

Mais do que uma percepção, o corpo será uma representação estrutural do seu intrínseco saber.

E O SABER: O QUE SERÁ?

Fazendo igualmente uma pequena digressão pelo conceito de "saber", verificamos que nem em todas as épocas se investigam as mesmas coisas, mas em todas as épocas se investiga a mesma essência das coisas. Em todas as áreas, em todas as épocas, se procura saber: é sempre isso que se pretende. Saber esse que é sempre coisa mental, como dizíamos acima. A medicina investiga nesse mesmo desígnio, desde sempre: investiga o corpo doente, tentando normalizar os seus parâmetros desavindos, utilizando para isso o saber que paulatinamente foi adquirindo. Saber é a sua causa última, a sua essência das coisas, a sua eficiência prática no tratamento. O seu ideal de investigação, o mais elevado, buscará saber uma teoria unitária para o corpo dicotomizado, como as ciências no seu conjunto procuram uma teoria unitária para o Universo.

Esta atitude de busca é uma espécie de moral científica do saber. É ao mesmo tempo uma utopia inatingível, que funciona como agente dum processo interminável de curiosidade. Das explicações fragmentárias se tende a unificar, numa busca de saber que possa ir até à criação, até a divinização omnipotente, até ao seu limite fantasiado, até ao sonho concretizado. No fundo trata-se duma busca de colheita narcísica, perante as angústias do desconhecido, transportada para o conceito de saber: promove-se um regresso ao passado omnipotente infantil, crismando-o de saber, de investigação, de futuro. Será por isso também facilmente um culto, baseado no tempo da inocência, porque de facto nada se controla nem nada se cria: o investigador, no seu saber multiplicado, vê o mesmo que os outros viram ou não viram, mas nada modificou do que estava a investigar. Mesmo que porventura o resultado benéfico da investigação vá modificar o mundo, como a descoberta da penicilina fez, isso será outro plano de leitura. Ele de facto nada criou resultante da ciência em si, nem do paradigma: apenas pensou ou viu um pouco mais longe do que os outros até ali tinham pensado ou visto.

Para além da diversidade de leitura dentro da mesma ciência, como vimos, haverá ainda outras variáveis, dependentes da filosofia da ciência que desse saber no momento se ocupa, o que desconfortavelmente ajuda a complicar. Nada ajuda a perceber o que não sabemos, a perceber a ignorância do escondido, a perceber o valor do não descoberto. É por isso que, nesta complexidade, tendencialmente afinamos o microscópico, para obter algumas certezas, para ficarmos menos angustiados. E que, também nesse sentido, arranjamos uns objectos externos a que chamamos objectos do saber, que muito jeito nos fazem para sobreviver na penumbra da cultura dos outros, que desse modo também se auto-justifica. Tudo isso é bonito, prático e tonificante.

Normalmente "saber" é um verbo, que significa ter presente no pensamento um conjunto de noções constituintes dum conhecimento organizado. Significa ser capaz nesse conhecimento, ter a capacidade de praticar uma actividade mental ou um trabalho dele decorrente, obtido após uma aprendizagem, seguindo uma habilidade natural ou adquirida. "Saber" será portanto um verbo conjugado em função dum acervo que se poderá isolar e transformar em objecto, ou seja, transformar-se em substantivo, o qual poderá ser mencionado da mesma maneira e pela mesma palavra. Nesse sentido tem-se "saber" como se tem um automóvel, uma caneta, ou outro instrumento qualquer. Este saber-objecto é utilizado na educação, na escola, na investigação. Caracteriza exemplarmente o alvo da ciência que nos rodeia, define os seus objectos, que não serão de modo nenhum confundíveis com os objectos internos de cada um, porque esses, para além da diferente localização e significado, nunca frequentaram a escola.

Utiliza-se esse saber na transmissão pedagógica. Educar será, entre outros objectivos, ministrar conhecimentos, transmitir saber. Seguindo regras características, específicas desse próprio saber--objecto, determinadas pelas circunstâncias sociais que lhe impõem modelos e lhe desenvolvem os processos racionais de funcionar. Nesse texto sintetizador existem objectivos, que podem ser pessoais, profissionais ou socioculturais. Educar será divulgar um objecto isolável, separado do resto, exterior ao sujeito. Será impor um produto acabado, construído antes, realizado por outros. Todos fomos educados assim.

Este será o objectivo que todas as ciências médicas e afins também contemplam: educar o corpo através dum educador, que pode ser médico, pai, professor ou o próprio. Educar o corpo, será ensiná-lo. Pressupõe obediência por parte do aluno, relativamente aos conteúdos objectivos que se lhes colocam. Na Medicina introduziram-se os conceitos liminares de todo o saber e conhecimento deste tipo: o paradigma e a obediência. Mas por aí ficamos, desconhecendo que o aluno possuía um saber montado e inultrapassável, que nada tinha a ver com esse. Desconhecendo que o corpo possa "saber" doutro modo.

Muitos falhanços da Medicina não serão ignorâncias nem limitações naturais: são desconhecimentos ou oposições a esse outro saber, pensamos nós.

*
* *

Mas há saberes doutro tipo, sendo o saber psicanalítico um excelente exemplo dessa diferença. Trata-se também dum saber limitado, mas que, pelo seu próprio conceito, talvez nos forneça pistas eventualmente significativas para o projecto investigacional sobre a Psicossomática Estrutural que temos vindo a supor. Trata--se dum saber que, em princípio, não será um verbo conjugável nem um substantivo: é um sentimento, uma coisa interior, não descartável do próprio.

Em Psicanálise de facto, o objectivo é outro, o saber é diferente. O conhecimento toma outra feição: será pessoal, pretensamente não educacional, quando muito será reeducacional. É uma emergência do próprio, não uma obediência. Mas a sua maior diferença consiste na ausência da possibilidade de isolamento, relativamente ao portador. O saber nunca será um objecto externizável, ou seja, não se isola do sujeito que sabe ou conhece. Conhecer é saber, conhecer é saber-se. Há uma completa fusão (em termos ideais) entre o sujeito e o objecto, entre o investigador e o investigado, entre o microscópico e a bactéria. Nesta concepção, o saber passa a objecto interno. Constituirá um objecto interno pessoalizado, não um objecto academicamente recolhido, vindo de fora. Neste aspecto, absolutamente essencial quanto ao vimos a desenvolver, esta perspectiva pode abrir-nos caminhos de grande alcance: o saber do corpo gozará necessariamente de algumas dessas características.

Poderá também dizer-se que em todas as ciências psicológicas se diminui a distância que medeia entre o exterior e o interior, embora isso se faça em graus variáveis, sendo a Psicanálise o estádio actual mais avançado dessa aproximação. Há, no entanto, culturas de geometrias no espaço psicológico, cujo alcance não vai além da fita métrica que utilizam. Para este tema, essas geometrias nada acrescentarão.

O saber em Psicanálise será portanto um estado interior, uma tendência para um silêncio interior, uma soldadura conseguida entre o ter e o ser. O seu movimento de procura, de investigação, de aquisição, pode ser mais ou menos ruidoso no processo, mas o produto acabado, quando verdadeiramente adquirido, engloba-se num todo íntimo silencioso. O saber dissolve-se no conjunto, harmoniza-se na pessoa. Participa num arranjo de recuperação original e pacífico, sendo resultado duma elaboração sem retorno. O saber ou o conhecimento passa a fazer parte integrante da pessoa, sintonizado no movimento profundo da máquina onde se inclui. Muda então de facto de nome, na terminologia habitual: em vez de saber passa a chamar-se "ser". Daí a possibilidade de se poder afirmar: o grande saber ou o grande movimento de aquisição do saber corresponde no fundo, em última análise, ao movimento de identificação, à aquisição do "ser". De forma idêntica ao que acontece no processo maturativo da criança em desenvolvimento, na relação com os outros para si significativos: a criança absorve-os identificando-se a eles, num movimento de aquisição de saber, accionado instintivamente pela sexualidade e pela agressividade.

Saber, nesta acepção psicanalítica, será então identificar-se ao sabedor. E significará, idealmente, sintonizar-se consigo mesmo, com o seu corpo, com a sabedoria do corpo que já existia antes e se acresce nesse mesmo processo. Será sintonizar, harmonizar, funcionar em simultâneo, sem quebra nem retalho. Em silêncio, em saúde. Idealmente.

A criança faz isso, por incorporação, por introjecção dinâmica: identifica-se aos modelos com quem vive na relação. Este será o seu saber mais autêntico. Acontecerá também assim a incorporação do conhecimento no processo analítico, através da interpretação. A interpretação conseguida é uma forma de saber que não deixa rasto. A distância entre os saberes – o saber-objecto ou o conhecimento – entre o objecto e o próprio, encurta-se nessa altura ao ponto de deixar de existir. A fusão entre os dois torna-se sabedoria inconsciente. Embora, obviamente, o saber-objecto e o saber da identificação possam co-existir na mesma relação, em simultâneo.

Do mesmo modo ainda, a investigação psicanalítica distingue-se da investigação científica pela não separação entre o investigador e o objecto investigado. O processo de descoberta, o objectivo da descoberta, a finalidade da descoberta, são completamente interpenetráveis e coerentes por essa mesma razão. A terapêutica harmonizadora na Psicanálise, epifenómeno da investigação, surge na consequência, não colhe como objectivo inicial. O objectivo inicial será um funcionamento mental suficientemente solto, para poder criar uma sabedoria interior silenciosa e uma correspondente satisfação dos dois intervenientes no processo. Diferentemente, na investigação científica, a descoberta é um objectivo em si, encaminha logo à partida um percurso determinado: todo o funcionamento é dirigido para esse fim.

*
*   *

Ambos estes tipos de saber e de investigação, "psicanalítico" ou "científico", com settings diferentes, têm no entanto um motor comum, que consiste no que de mais essencial existe nos seres humanos: a curiosidade, a investigacionalidade, o sentido crítico.

A aplicação prática dessa curiosidade varia apenas no modo de a satisfazer e, acentuemos mais uma vez, na distância que coloca entre si e o alvo. Nesse sentido, todos somos investigadores, mesmo sem dizer que o somos. Doutra maneira não seriamos seres humanos, sendo esta noção absolutamente fundamental para em analogia podermos identificar, até certo ponto, este saber do corpo ao saber que a Psicanálise em si mesma contempla.

Da Psicanálise, portanto, do seu tipo de saber, do seu processo de investigação, se poderão retirar alguns dados ilustrativos, eventualmente exemplares, para o que temos vindo a propor. Queremos com isto acentuar que existem formas substancialmente diferentes quanto ao "uso" do saber, quanto à sua concepção, quanto ao que dele se pretende. E que o que a Psicossomática Estrutural se aproximará muito mais do "ser conhecimento" do que doutro saber qualquer, com as devidas ressalvas.

O saber do corpo enquadrar-se-á melhor neste tipo, porque o seu verdadeiro saber é anterior ao saber do especialista, mesmo na pessoa do especialista. É anterior aos núcleos normalmente apresentados como núcleos científicos essenciais. A criança modela à sua maneira o saber da espécie que transporta. O seu "Self" é que sabe, diremos: e o seu Self é um Self corporal, cientificamente analfabeto.

Mas como separar ou articular, na prática, este "saber" de tipo psicanalítico, com o saber científico e com o saber dos "marcadores psicossomáticos" ou o da Psicossomática que sonhamos, mantendo a lógica duma curiosidade essencial?

Do saber racional, lógico, pragmático, característico dos paradigmas científicos usuais, é fácil separá-lo: fazêmo-lo todos os dias, mesmo sem reparar. Vivemos num, adquirimos conhecimentos no outro. Difícil será funcioná-los em conjunto, globalizá-los na simultaneidade, perceber o que a cada um falta. Combiná-los, relativizá-los, acrescentá-los doutros ângulos, face às suas limitações, será a tarefa a construir. Será o saber e a arte. Conjugá-los cientificamente e continuar no mesmo registo será por outro lado uma pretensão estagnada, como já dissemos, se nos contentarmos com os actuais tipos de investigações.

A Psicanálise não poderá portanto servir de modelo para o saber do corpo e para o saber psicossomático, mas, em qualquer circunstância, parece-nos fornecer algumas instruções quanto ao alvo e quanto à possibilidade. A aquisição desse outro tipo de saber, a aquisição dum novo livro, exigirá um alongado processo de maturação.

A CURIOSIDADE

Todos os homens, desde o início, tiveram necessidade de saber o que se passava do outro lado, para melhor se situarem no seu. Nessa curiosidade atractiva constituíram o seu sentimento pessoal de identidade e diminuíram a natural angústia do desconhecido. Tentaram resolver os seus intermináveis sentimentos de mistérios. Simbolicamente, sempre procuraram saber o que se passava do outro lado do buraco da fechadura, mesmo antes de terem inventado a fechadura, porque isso era "terapêutico" para eles. Por esse filtro fizeram também a sua grande procura interior. Sempre utilizaram para isso os objectos intermediários possíveis na sua cultura, inventando variadíssimos instrumentos e posições. E vão continuar a fazê-lo, na curiosidade deste saber do corpo.

Mas a curiosidade jamais aparece satisfeita. Nunca saberemos o suficiente para aportar da viagem em plenitude. Nunca chegaremos ao fim. Nesta impossibilidade, continuaremos a espreitar pelo buraco dos microscópios, pelos telescópios, pelos inconscientes, por muitas outras complicadíssimas fechaduras técnicas ou psicológicas. Em busca do infinitamente grande ou do infinitamente pequeno. Como necessidade vital, em busca do saber de si, em busca da sabedoria. Mas o saber-objecto evoluirá sempre no trajecto, mudará de qualidade. Passará a ser o que sentimos no corpo, antes de lhe termos posto nome. A curiosidade continua.

Sabedoria será portanto o conjunto dos saberes que a curiosidade proporcionou, mas será também uma qualidade especial do seu portador. Será um estádio evolutivo superior. Sabedoria, na língua portuguesa muda de género relativamente ao saber, mas os criadores da língua se calhar nem repararam. Pensamos no entanto que algo de inconsciente a isso os obrigou, porque, em nosso entender, o facto traduz geneticamente uma mudança de registo infantil. Foi uma evolução: passou de "o saber" procurado, para "a pessoa" que sabe. De facto foi na passagem da boa relação dual, mãe/filho, para a relação triangular filho/pai/mãe, na mudança que isso implicou, que pela introdução do elemento-pai, diferente da mãe mas a ela ligado, que a criança agudamente desenvolveu a necessidade de conhecer o que entre eles se passava. Passou a ter nisso um alimento privilegiado da curiosidade, fomentador do espírito de investigação e da procura do saber, gerando para si próprio (investigador) a qualidade de pessoa. O "saber" transformou-se numa "pessoa".

A partir daí, desde sempre e para sempre, a vida das pessoas busca o saber, em formas de investigação polémicas ou silenciosas. Procura o saber e a sabedoria. Até que a integração pessoal do resultado da busca e do processo da busca, nunca finalizados, proporcione ao seu portador o regresso à situação primária, satisfatória, anterior ao conflito. Á situação onde a sexualidade, a agressividade e as outras forças instintivas, se situem em parâmetros desconflitualizados. Onde o "facto psicossomático" flui sem entraves. Ou seja... até ao fim, sem nunca ter sido suficientemente alcançado.

A curiosidade será sobretudo uma curiosidade sexual, derramada em múltiplos fins, presente nas várias fases do trajecto de cada um, até ao seu único fim. Por isso também a sabedoria normalmente se atribui ao avô, não ao pai. Para todos nós, de facto, o grande sábio, foi sempre um avô, que usa barbas como as de Freud, mesmo que tenha sido necessário inventá-las completamente.

*
* *

A descoberta recente com que os Biólogos nos presentearam, ensinando-nos que qualquer partícula de vida ou de criação de vida contêm, em simultâneo absoluto, a criação da sua própria destruição, acrescenta novos motivos de reflexão. Além de confirmarem o que os psicanalistas, na sua área, tanto gostam de desenvolver: a existência dum instinto de vida e dum instinto de morte originários. Essas duas forças serão então inevitáveis, em todas as partículas, grandes ou pequenas ... o que nos indica quanto de aprendizagem, no jogo entre elas, terão todos os seres vivos de se auto-propiciar, no seu percurso até ao fim. Indicam-nos também a necessidade duma certa qualidade no jogo, para sobreviver. E sugerem-nos quanto "saber" se terá de acumular para tentar cumprir esse desiderato, para estudar, percorrer e prolongar os melhores caminhos. Para se disfrutar o melhor possível o delicado trajecto entre a vida e a morte. Todos os seres vivos farão isso automaticamente, os Biólogos em definitivo o confirmam, antes de frequentar as escolas públicas ou privadas. Todos os seres vivos, quer continuem pregados ao terreno, como os vegetais, quer se tenham aparentemente dele descolado, como os animais. Quer ainda se julguem espiritualizados e afastados dessas pequenezas, como os seres humanos.

Desta fabulosa descoberta ainda se não retiraram todas as consequências. Mas a partir dela será plausível também descortinar como o pobre corpo biológico, neste entremeio constante entre a vida instintiva e a morte instintiva, colocado em permanência entre essas duas vertentes irrevogáveis, "sabendo" disso por dentro, desenvolverá linguagens simbólicas e arranjos de compromisso. Como tentativa útil na actuação. E como deverá conter um estimável cofre interno relativamente a isso.

A doença será o aviso ou o conjunto dos avisos, mais ou menos ruidosos, sentidos pelo próprio, provindos desse corpo entre os instintos antagónicos emparedado. O sintoma existirá como benefício, para que o próprio ao dar-se conta dele promova mudança e reequilíbrio, para continuar vitorioso na segunda parte. Para continuar a viver. E ninguem o moverá a não ser esse saber do corpo, existente nele mesmo. Isto será fácil de verificar na agressão externa visível, na agressão alimentar sobre o estômago, por exemplo. Na ausência de agressão visível, por analogia, poderemos pensar que haverá certamente doenças (cancro, diabetes, etc.) movidas por agressões subliminares, internas ou externas. Que haverá doenças despertadas ou movidas pelas "lacunas de mentalização", actuantes sobre as "lacunas somáticas", que representarão as falhas biológicas na simultaneidade estrutural psicossomática, como nos artigos anteriores desenvolvemos. Tudo se passando numa condição interna menos sentida do que na agressão sobre o estômago, mas identicamente envolvente.

A doença será sempre, nesta leitura, um resultado, uma consequência de arranjos por entre as malhas dum exercício confluente e unívoco de vários saberes relativos aos mencionados instintos. O "saber do corpo" situa-se no centro do terreno, no local onde esse jogo mais renhidamente se desenrola: no aviso, na prevenção, no trajecto, no resultado, na cura, no falhanço da cura ... em tudo o que ao corpo diga respeito.

A TREPADEIRA TREPA

A planta trepadeira trepa porque sabe trepar. Mas só trepa se encontrar onde o possa fazer: muro, árvore, encosta ... se encontrar qualquer obliquidade onde possa elevar-se, onde possa desenrolar a sabedoria do corpo com que nasceu. Só nessa circunstância se aplicará "inteligentemente" por ali acima. Torna-se então vertical. Doutra forma não se realiza e rasteja, embora os seus genes estejam lá todos da mesma maneira. Se não trepar, supomos que fica triste e morre, deitada no chão escurecido, sucumbida na horizontal.

Não se lhe pode atribuir uma "alma" nem divinizar a sua existência, como noutras espécies mais evoluídas com grande sucesso tem sido feito. Ela não dispõe de consciência nem de capacidade crítica para esse efeito, desconhece a subtileza desses caminhos, embora curiosamente, diga-se de passagem, também eles hoje pareçam bastante desacreditados. Se o pudesse saber rir-se-ia, antropomorficamente, compensando o seu narcisismo até agora desconsiderado. A sua adaptação às circunstâncias será, liminarmente e apenas, a da sua sabedoria.

O corpo dela não poderá ser estúpido: terá de aprender a relacionar-se com as circunstâncias e adaptar-se. Terá de possuir, como parcela favorita de si, a escolha do caminho naquele dia: por exemplo, terá de voltar a sua janela para o Sol, naquele local onde mora. Terá esse saber, esse "saber" no seu corpo, que não poderá ser genético. Nenhum ser vivo poderá prever geneticamente o que lhe vai acontecer, nem criar geneticamente o desenho completo da sua disposição. Só a relação com o mundo, a relação com o ambiente, o seu envolvimento, o poderá proporcionar.

A trepadeira sabe e aprende, tal como sabe e aprende o corpo do ser humano numa forma muito mais sofisticada. As disposições genéticas com que o ser humano nasce, transformam-se em "falas" pessoais na relação infantil: o terreno e o Sol aqui chamam-se mãe. Transformam-se no seu saber em geral e no saber daquele corpo em particular, saberes constantemente activos na adaptação, na regulação, na auto-regulação, no binómio prazer/sofrimento. Constituirão o às vezes apelidado " inconsciente do corpo".

De facto, o corpo humano também sabe trepar, mas só o aprende e o fará na relação infantil que o eleva. Disso não temos quaisquer dúvidas. Será a relação que lhe constrói um desenho e um aparelho mental, exclusivo da espécie, tanto quanto julgamos saber. Aparelho construído por si e para si, conforme ao seu corpo, porque nele reside a sua própria existência e a sua própria consciência. Se esse desenho relacionalmente construído se tornar, com naturalidade, sobreponível ao do corpo, haverá simultaneidade sem ruído e nele ninguém repara. Haverá um correcto saber do corpo, funcionante em saúde: o saber do corpo individualizado ajusta-se então ao constructo mental desenvolvido. Harmonizados o corpo e a sua representação, o ser humano trepará então como a trepadeira: a diferença residirá no facto da sua relação se ter extremamente complicado, de se ter construído um aparelho mental, demasiadas vezes com defeito. Embora permaneça no encalço da feliz trepadeira, provavelmente não conseguirá.

Uma vez organizado dessa forma, não haverá prevalências biológicas nem mentais nessa relação. Não haverá aquela suposta espécie de imperialismo conceptual das psicossomáticas analíticas sobre o triste corpo, concebido como ele de nada soubesse. Nem o suposto imperialismo biológico mineral, tartamudo e cego, a cuja empolgante divulgação habitualmente assistimos, feita sobretudo pelos viajados agentes da indústria farmacêutica.

NOVO-RIQUISMO CIENTÍFICO

A espécie humana mais corrente, no que diz respeito à sua concepção do Universo, funciona impregnada dum novo-riquismo suburbano. Depois de sair das cavernas, o homem já nem olha para o lado: desavergonhadamente esquece o resto, chamando a isso racionalidade e civilização. Como quem tem necessidade de esconder as origens. De peito erguido, exibe superior pensamento e arroga espiritualidades, face às espécies rurais que o circundam. Tem efectivamente procurado convencer-se de que é originariamente diferente. Tão diferente que até se atribui aristocráticas procedências, celestialmente concedidas, negando a mediocridade terrena donde brotou. Faz um recalcamento da sua continuidade evolutiva com os outros seres vivos, omitindo que a diferença será apenas uma questão de grau. Desconhece o parentesco com os primos menores, com esses metecos não iluminados pelos deuses, os quais, em seu douto entender, nada pensam nem nada saberão. Mas a Biologia, a Genética, a Inteligência, desmontam essa grandiosidade e o espalhafato que daí resulta. Trata-se apenas de esquírolas de virtude!

As concepções psicossomáticas até agora existentes, inconscientemente, partem também desse posicionamento. Alimentam-se nessa reverente concepção de si. Consideram pouco o corpo. Menos ainda consideram este saber de continuidade do corpo com os outros corpos, nem, ao mesmo tempo, as péssimas características temperamentais que lhe estamos pacientemente a recordar. Às vezes nem o consideram de todo: rejeitam-no liminarmente, mesmo quando afirmam que o estão a incluir. Disfarçam, pensando-o espírito. O longínquo corpo parece-lhes depois uma fruta animicida, uma maçada inviolável, um produto marginal, porque teimosamente não se deixa envolver na teoria. Mas, curiosamente, na prática utilizam-no sempre, mesmo quando o não mencionam. Utilizam-no porque não o podem deitar fora, apesar de tudo. Tal como acontece em todos os outros seres vivos, se o fizerem ele reage. Se o deitarem fora ele adoece, utilizando o seu saber, sendo isso desprestigiante para quem o faz.

Uma correcção de rota terá de acontecer, embora a rota da seda e da ilusão continuem no Oriente. Parece-nos haver muito caminho a desembrulhar no futuro desta encruzilhada. Mesmo tendo consciência, pela parte que nos toca, de que estamos levemente a propor uma revolução.

Mas, a propósito, lembram-se das revoluções medievais sobre os conhecimentos humanos? Lembram-se dos problemas da dissecção anatómica, da circulação sanguínea, da localização da alma, dos simpáticos assassinatos religiosos que se lhes seguiam? Será pelo destemor relativamente a isso, pela tomada da Bastilha de novos projectos, que esta questão prosseguirá!

Tudo o suposto nesta reflexão surge em toda a gente, inabalavelmente, proclamado em quem se der a pensar.

*
* *

Nas manifestações humanas mais intensas ... na dor da morte de alguém por exemplo, sempre nos interrogamos se a dor será física ou mental. Ninguém verdadeiramente sabe: parece mental, mas o corpo sofre inteiramente. No prazer mais intenso ... no orgasmo verdadeiro, igualmente nos interrogamos se o prazer será físico ou mental. Ninguém verdadeiramente sabe: parece físico, mas a "alma" festeja inteiramente.

Num e noutro caso será sempre um todo, um vice-versa, uma identidade. E não saberemos exactamente responder porque tudo o que nos acontece se passa nesse mesmo registo: no registo da impossível separação entre corpo e espírito. O ser humano está psicossomaticamente organizado à partida, absolutamente condicionado por isso, em todos os terrenos do viver e do sentir.

"Identidade" será um sentimento intricado nessa organização, nessa rede de todas as componentes que a cultura costuma separar. Será uma "identidade corporal", que se desenrola num corpo sexuado, onde cada facto é um "Facto Psicossomático", sustentado numa "Psicossomática Estrutural".

PARA TERMINAR

Para terminar, acentuamos uma vez mais esta formulação: a identidade é uma identidade corporal...

Na linha da famosa e misteriosa expressão de Freud que dizia:

"... o Ego é um Ego corporal ..."

versão proficuamente melhorada mais tarde, na Psicologia do Self, com esta outra atitude:

"...o Self é um Self corporal..."

atrevemo-nos a propor novo elo complementar, sugerindo:

"...a Identidade é uma Identidade corporal ..."

que se situa na lógica do que vimos dizendo.

E lembrávamos novamente as angústias violentas da fragilização dessa identidade ou do temor da sua perda, potencialmente visíveis em toda a gente, mas muito mais observáveis no esquizofrénico: será todo o edifício narcísico daquela pessoa, serão as suas bases, os seus alicerces, que são postos em causa no corpo, através do seu sentimento do corpo, nessa situação. A desagregação psicótica perturba violentamente, porque será a morte da pessoa do doente, a morte dessa sua identidade. Será a morte da sua coesão básica instintiva, da sua identidade corporal. O ser humano deixará nessa altura de o ser. Deixará de ser trepadeira, deixará de saber trepar.

Acontecerá nessa altura a morte da "sabedoria", do "saber" intrínseco daquele corpo, o afastamento do saber que o forma, que o informa, que o sustém!

*
* *

A identidade é uma identidade corporal ... vamos concordar.

Francamente, pensamos assim. Pensamos também que isso só poderá resultar em caminho de pesquisa e continuidade, de forma plausível ... na intoxicação biológica infinitesimal que paira sobre esta área do conhecimento ... se deitarmos fora inúmeros preconceitos. Se conhecermos melhor este processo do corpo, no caminho da Psicossomática Estrutural. Só assim, também, nos contentaremos no futuro.

Mas resta-nos o sentimento embaraçoso, neste degrau da reflexão, de não ter passado do limiar das coisas. Estamos apenas numa introdução ... mas achamos que valerá a pena prosseguir, pensar, cultivar ... pesquisando caminhos, introduzindo mudanças, lançando interrogações .... em nossa opinião.

Será um desafio, mesmo trabalhando sem rede, mesmo trabalhando sem o suporte duma tranquilizadora bibliografia sobre o assunto, que muito gostaríamos de possuir mas desconhecemos!

RESUMO

No prosseguimento dos seus conceitos sobre "Facto Psicossomático" e "Psicossomática Estrutural", o autor supõe a existência dum "Saber do Corpo", inscrito filogeneticamente, ontogeneticamente e individualmente. Saber mal conhecido por agora, apenas vislumbrado e não estudado ainda, que funcionará, sobretudo, regulado e regulador do binómio prazer/sofrimento. Existirá em todos os seres vivos, de qualquer dimensão. Ter-se-á progressivamente desenvolvido na evolução das espécies e particularmente dimensionado no ser humano. Não se tratará dum saber mental nem racionalizável. Será um saber intrínseco, estruturante da identidade, sexualizado vitalmente, fundamental na Saúde e na Doença, determinador do conceito: "...a identidade é uma identidade corporal..."

SUMMARY

Following his ideas on the "Psychosomatic Fact" and "Structural Psychosomatic", the author postulates the existence of a "Body Knowledge" philogenetically, ontogenetically and individually determined. This not yet well-known knowledge, needing a deeper study, is supposed to function both as a regulator and as a product of regulation of the binomial pleasure/suffering. It is supposed to be present in all living beings of any dimension, to have developed with the evolution of the species and have its main expression in mankind. It's not a mental nor a rational knowledge. It's a inner knowledge, a identity builder, vitally sexualised, essential in health and in sickness, conducting to the final idea that: "...the identity is a bodily identity..."

ESTADO TERMINAL:
DIGNIDADE PSICOSSOMÁTICA [1]

A MORTE É UM "FACTO PSICOSSOMÁTICO"

A MORTE, como conceito psicológico, é extremamente difícil de teorizar. Será muito difícil pensá-la, analisá-la. Será mesmo impossível fazê-lo, pensamos nós. Isso acontece pelas suas características de "facto psicossomático" total e definitivo, situado muito além do alcance possível do pensamento. Impossibilidade que não deriva apenas do seu carácter inultrapassável: há muitos outros factos, sem nenhuma hipótese de regresso, perfeitamente pensáveis para o ser humano. Deriva antes da total eficácia na anulação que propicia: a morte é uma anulação retro-activa da vida, totalmente anuladora do anteriormente acontecido. Será impossível pensarmos o nosso corpo morto. Daí a impossibilidade de sobre a morte haver um verdadeiro pensamento, para além das composições mais ou menos poéticas ou mais ou menos espiritualistas que sobre ela quase todos compulsivamente fazemos. Esta

---

[1] Uma primeira versão deste texto foi uma Conferência realizada no Hospital de S. João, no Porto, em 1987, publicada no n.º 1 do 2.º volume dos *Arquivos de Medicina* do mesmo Hospital, em 1988, com o título "Psicologia do estado terminal".

impossibilidade constituirá uma das razões que a sobrecarregam muitíssimo sob o ponto de vista emocional. Que lhe conferem os sentimentos desencontrados que em relação a ela também quase todos "vivemos".

Esses sentimentos são também por isso ambivalentes. A morte é, naturalmente e em princípio, o facto mais rejeitado que se conhece. Quando a sua representação mental se coloca no pensamento (não a morte, impensável como dizíamos, mas uma sua representação fantasista), ficamos ansiosos ou com medo. Ficamos embaraçados, preferimos fugir, mudar de tema, às vezes não conseguindo. Mas mesmo nesta última circunstância, quando alguém não consegue pensar senão na ideia que sobre ela persevera, sempre na versão pessoal dependente das angústias que especificamente o envolvem, essa permanência, ao contrário do que seria lógico admitir, não significa aprofundamento analítico ou investigação mais eficiente. Significa apenas que a morte continua no pensamento como ideia, nada mais do que isso, a qual não se alonga para além de determinada superfície, pela total incapacidade intrínseca de a pensar.

Essa eventual obsessionalidade de pensamento traduzirá até, por norma, precisamente o contrário: traduzirá a existência dum bloqueio psicológico depressor, conscientes ou inconsciente, que limita ainda mais o campo de observação. Pensar a morte é verdadeiramente uma impossibilidade, mesmo para aqueles que por "vocação", pessoal ou profissional, não pensam senão nisso.

*
* *

Pensar é pensar-se. Pensar capazmente a morte seria pensá-la na sua própria vivência pessoal. Para a analisar, no seu real valor como conceito, seria necessário observar a nossa própria ausência de nós, o que será manifestamente inatingível. Teríamos de permanecer vivos, olhando-nos apenas "como se" fossemos mortos, ou seja, teríamos de nos deslocar da possibilidade sensível que terá de caracterizar todo o processo humano analisável. O ser humano só pode pensar o que realmente sentiu ou sente: na realidade objectiva, na realidade subjectiva, na fantasia vivida como sua.

Quererá isto dizer que no ser humano, de forma definitiva, haverá uma impossibilidade de pensar verdadeiramente todo o "facto psicossomático"? Não queremos dizer isso, de modo nenhum. Pensamos mesmo que todo o conhecimento e toda a cultura, toda a ciência humana que até agora se gerou, tem o facto psicossomático como objectivo de estudo, muitas vezes sem o nomear. E que essa pesquisa será cada vez mais aprofundada. Mas a morte é um facto psicossomático especial, sem aprofundamento imaginável. No fundo, quem estará mais próximo de nos proporcionar alguma visão do tema será o melancólico total, que na realidade não existe, porque quando está prestes a atingir esse grau deixa de ser. Deixa de estar cá para contar. Quando estava próximo do regresso ao vazio mortal ou ao seu pleno preenchimento, conforme cada um entender, deixa bruscamente de estar. O que não deixa de avaliar essa impossibilidade, transformando a morte no maior paradoxo da existência.

Daí que, em dedução aparentemente lógica, possamos ironicamente considerar que, na altura em que conseguirmos resolver este problema conceptual nos tornaremos imortais ... ou que a solução só acontecerá se formos imortais. Se conseguirmos finalmente realizar o velho sonho alquimista da transformação de materiais pobres em ouro, sonho vertido na circunstância para termos existenciais. Será, com todo o encanto que isso representará, a suprema vitória dos princípios da vida sobre os princípios da morte, neles obrigatoriamente contidos. Mas só nos sonhos ... infelizmente.

Até lá, estaremos neste tumulto de emoções desencontrados e de reacções que a impossibilidade analítica e a impossibilidade de controlo acaba por gerar. E também no seu encanto, que se encontra mais espalhado do que à primeira vista parece ... Parece-nos mesmo que esse encanto, um tanto enevoado e secreto, será uma das razões que aqui nos reúne: ele em si mesmo não é mórbido, não fere tabus, nem ocasiona patologias. Constituirá mesmo, no fundo, o encanto de todas as liturgias. Será o encanto duma curiosidade primordial, presente em toda a gente, que constitui uma parte significativa da atracção que, por exemplo, em nós exerce a Medicina, o ser médico, o tratamento, a melhoria sonhada, a vitória mística sobre a doença, a vingança sobre as "forças do mal" que a mesma doença simboliza, etc.

Ou, já mais na clínica, o atractivo que sobre nós exerce o histérico, por exemplo, quando afirma desejar morrer e de facto todos os dias o faz um pouco, através dos sintomas que a si mesmo proporciona. Uma ameaça de suicídio, às vezes uma tentativa... um suicídio onde sempre se imagina vivo a observar-se depois de morto, a observar o efeito que a morte de si, em si mesmo e nos outros, produzirá.

O histérico, à sua maneira, procura cumprir o irrealizável, num processo que se torna atractivo porque desperta o mesmo sentimento no observador acordado... também ele, o observador, tem potencialmente o mesmo desejo, o mesmo sonho, a mesma fantasia, a mesma impossibilidade.

*
* *

Este é um drama comum de todos, no teatro íntimo de cada um ... a cena final representada num palco imaginário, para as plateias internas e externas disfrutarem como será. E ao mesmo tempo, por essa mesma via, se impedir que seja. Representar a morte é no fundo uma tentativa de a esconjurar e no esconjuro permanecer vivo, o que acrescenta um aspecto lúdico ao seu encanto. Serão o encanto e o medo, reunidos. Noutros caminhos pode prosseguir a mesma atracção, quando a cena se desenrola noutros teatros correntes: duplas personalidades, espiritismos, fenómenos supranormais, etc.... que traduzem o mesmo, decorrem da mesma situação. Todos são tentativas de contra-anulação reparadora sobre a anulação rectro-activa total internamente anunciada.

MEDO DA MORTE... RACIONALIZAÇÕES

Mas, a impossibilidade de conhecimento do desconhecido anulador traduz-se, na sua forma mais comum, mais pelo medo do que pelo encanto.

Percorrem-se tipos vários de medo, em múltiplas zonas clínicas, em múltiplas formulações da vida psicológica: associar as angústias pessoais à ideia de morte é o quotidiano ... que vão de alterações dos limites corporais, do seu espaço, da sua identidade, até graus de desintegração ou de despersonalização. Este medo essencial, neste ou noutros formatos, é o alimento primordial da imensa negação da morte que em vários planos normalmente todos fazemos.

Podemos no entanto perder esse medo, até certo ponto, sem o negar e sem negar a morte. É possível navegar neste terreno sem nos atrofiarmos por isso, sem ansiosamente procurarmos formas racionais de estar. A impossibilidade conceptual intrínseca, reactivamente, pode gerar também essa possibilidade emocional, apesar de tudo.

Duas concepções profissionais distintas poderão surgir então nestes trajectos. Duas atitudes onde aparentemente o medo e a emoção da morte se afastam, embora subliminarmente permaneçam, quase sempre, no seu processo mais íntimo e mais escondido.

A primeira será a do médico, que investiga com a necessária distanciação sobre o objecto investigado, para poder continuar a observar: o médico procura identificar-se ao objecto de estudo para o perceber melhor, mas sabe que a todo o momento também dele se distancia, num movimento antagonista simultâneo, sob pena de no acto não poder manter a sua própria lucidez e identidade. Investiga a morte investigando o morrer do outro, mas não morre com ele. Não investiga a morte, investiga o "morto", mas apenas o descreve no seu aspecto exterior, nas suas razões orgânicas; não consegue passar disso. Será sempre a morte do outro, com afecto à medida: também não pretende mais, nem ele nem a sociedade. Será óptimo se fizer isso bem feito, sem zelo absurdo de curar, sem omnipotências. O que é de enorme importância prática, como se compreende, mas que pode ser também indicador significativo da sua forma de estar nas exigências éticas, sejam de sentido pessoal, profissional ou científico.

A segunda será a do filósofo em geral, que pode ser a do teólogo em particular, muito mais racional ainda. A prudente distanciação será ainda maior. No seu olhar, o objecto morto está completamente excluído, tal como já se tinha excluído a morte. Dele fica apenas uma imagem intelectual, sem contornos, tornada etérea e alvo de especulações. A morte nessa observação não passará nunca duma ideia quimicamente pura e desafectadamente tratada, tal como outra ideia qualquer o poderia ser, sem nenhuma especificidade.

Apetece-nos sempre no entanto dizer que, quer os médicos (entre os quais incluo os psicanalistas como não podia deixar de ser), quer os filósofos, quer ainda os psicólogos, no essencial se encontram perante a sua própria pequenez e por isso terão de incluir o traço comum da dignidade. Há uma dignidade na morte-
-conceito, que não sabemos se vem antes se vem depois da necessária dignidade do acto de morrer. Será sempre uma dignidade psicossomática. Haverá sempre também o risco de, na observação do "morto", face há impossibilidade de observar a morte, se observar apenas o "corpo morto" e não a "pessoa morta". Lembrar isso, e todas as vias que referimos o fazem e entre si se completam, será realçar aspectos muito significativos, embora tenhamos sempre bem presente que será a nossa própria consciência que nos orienta. E que, na verdade, quando alguém fala da morte e do morto, tentando pensá-los dignamente, será sempre um pouco médico mesmo que não saiba usar um medicamento, um pouco filósofo mesmo que não saiba o que a palavra quer dizer, um pouco teólogo mesmo que seja completamente pagão e terreal.

Tudo isto porque, como dizíamos, a morte será sempre um absurdo psicológico, por impossibilidade de leitura primordial.

Por ser um conceito de ilegibilidade intransponível, que seria preciso ser imortal para resolver. A "morte" que conhecemos é a dos cemitérios, e nesse local não há pensamento.

Do absurdo resultam emoções, sobretudo medos, que num primeiro impacto será de toda a conveniência racionalizar, para depois negar, procurando com isso negar o conteúdo que os gerou. São os medos ao conteúdo que engendram as defesas por negação.

NEGAR A MORTE SERÁ NEGAR O MEDO DA MORTE

No subsolo de todas estas atitudes existe sempre uma componente de negação, maior ou menor. Existe desde o Paleolítico, embora o seu texto sociocultural se tenha culturalmente modificado.

Há poucas décadas, as pessoas morriam quase sempre rodeadas por aqueles com quem afectivamente tinham vivido. Hoje muitas circunstâncias mudaram.

Alteraram-se hábitos e comportamentos, também neste aspecto bastante expressivos. Nasce-se no hospital, morre-se no hospital. A erradicação de muitas doenças, o aumento espectacular da expectativa de vida dos cidadãos, curiosamente, em vez de fazerem diminuir os medos e as ansiedades perante a morte, parecem terem-nas aumentado substancialmente. As mais elevadas tecnologias, a sofisticação dos processos terapêuticos, trouxeram ao cidadão a possibilidade constantemente sugerida duma nova descoberta, dum novo grão de imortalidade. Amanhã tudo se cura, se calhar até a morte, pelos menos na fantasia. Fomentaram-se novos moldes, novas situações psicológicas, novas características que, curiosamente, recarregaram as baterias das soluções mágicas tradicionais. Uma última possibilidade existirá sempre, algures, em local determinado ou indeterminado, vulgarizando-se expectativas ansiosas de utopias resolutivas. São as magias contemporâneas.

No fundo, sem o pretender, o avanço tecnológico fomenta isso porque acrescenta novas hipóteses à tradicional atitude de negação e recusa. Contraria o inevitável, no próprio e no meio circundante. Com consequências por vezes extremamente delicadas. As emoções ligadas activam-se, com todas as descompensações ansiosas e depressivas, que o próprio médico terá de procurar evitar ou socorrer. Curiosamente, associado a estas circunstâncias, suplementando-as até, acontece um outro facto estranho e contraditório, igualmente verificável nos nossos dias: ao mesmo tempo que se "cura" a morte, multiplica-se um enorme fascínio pela violência e pela destrutividade. O sucesso destes temas nos órgãos de comunicação social são de verificação diária em toda a parte, na TV, jornais, livros, etc., sinalizando a contradição e a anulação duma faceta pela outra. Por um lado alonga-se a vida, por outro lado destrói-se essa mesma vida. Por outro lado ainda, tenta evitar-se ou nega-se a consequência lógica dessa destruição. Os seres humanos foram mal criados, funcionarão sempre assim. Em nossa opinião, obviamente.

Isto constitui um dos nossos paradoxos essenciais, que só pode ser interpretado como um desafio de repetição. O que se faz hoje será a versão epocal das clássicas atitudes de desafio e provocação, das mesmas que todas as pessoas e todas as sociedades sempre potencialmente contiveram dentro de si, embora levado agora a consequências acrescidas. Levado agora tecnologicamente, aparelhado em engrenagens, à tentativa visceral de vencer todo o medo, negando-o de forma adolescente e triunfalista. Desafio que traduz a projecção, por parte de quem o faz, de preocupações íntimas quanto ao fracasso dos seus grandiosos poderes, que poderão ir até à omnipotência. Os quais, na sua origem, representam uma tentativa agida de superação de sentimentos de fragilidade ou de escassez de identidade, que, por não aceites, defensivamente se encaminham desse modo.

Quantas vezes nós próprios, na nossa prática clínica, sem darmos por isso ou porque a isso somos solicitados, temos dificuldade em nos posicionar lucidamente nestas questões? Dificuldade em não sermos igualmente grandiosos? Quantas vezes teremos dificuldades em nos posicionarmos de forma a não perder o pé sobre as realidades reais da existência, sobre as nossas próprias capacidades e possibilidades, sobre as nossas próprias finalidades como pessoas e como profissionais?

As ansiedades dos outros podem contagiar-nos, passar a ser as nossas também. Ou passarem a justificar, através delas, as previamente existentes dentro de cada um. Há sobre isto uma necessária reflexão, porque, hoje, dir-se-ia, em muitas pessoas e em muitos locais, a morte deixou de ser um facto natural para ser um insólito ou uma surpresa. Daí à quebra da dignidade psicossomática que ela exige, pode distar um quase imperceptível pequeno passo.

Negar a morte é facto de todos os tempos. Acontece desde que os seres humanos atingiram um certo estádio de desenvolvimento, desde que começaram grupalmente a pensar. O que mudou bastante nesta nossa época e a caracteriza, é o quantitativo de tempo de negação e a sua persistência, mais ou menos obstinada, particularmente nas microculturas onde a ideologia de sobrevivência se instalou de forma irracional. Esse tempo é naturalmente mais dilatado no milionário americano que pretende congelar-se durante décadas à espera de cura para a doença que o vitima, do que no homem inculto do campo que acaba por morrer muito mais serenamente na convicção e aceitação íntima de que algo se lhe foi esgotando por dentro. Esgotamento iniciado desde sempre, desde que tomou consciência de si, até um final que, ele sabe, não pode deixar de ser cumprido dessa forma. A diferença entre o milionário americano e o homem pobre da aldeia reside na forma como ambos utilizam aquilo a que chamaríamos a consciência de si ou a sua identidade corporal, para negar o facto de morrer.

Uma das maiores descobertas da história da humanidade foi exactamente essa consciência de si, o sentimento de identidade. Embora não seja comum falar disso: as descobertas psicológicas ou psicossociais não têm o mesmo impacto das máquinas e tecnologias. É uma descoberta cuja divulgação não tem mais de duzentos anos. Consiste, em termos socioculturais, na verificação inabalável da existência duma autonomia pessoal em cada um, dum poder relativo sobre si, duma capacidade de perceber e de sentir os próprios desejos e projectos. Os homens deram-se conta que existiam, cada um por si, diferente dos outros. Deram-se conta que tinham uma autonomia e identidade pessoais, que podiam participar de forma activa na sua própria construção, na sua própria existência, no seu próprio futuro. Tornaram-se um pouco donos de si próprios, o que teve consequências em vários sentidos que não interessa neste texto desenvolver. Ter consciência disso acarretou caminhos progressivos de descoberta, caminhos intermináveis por definição, mas também proporcionou relevância a algumas fantasias inconscientes, que o sistema tecnológico montado às vezes de forma absurda hipertrofia.

É essa descoberta, a sua consequente expansão, que tem usos diferentes conforme as ansiedades e conforme os estádios em que, sob o ponto de vista psicológico e cultural, cada um se encontra. Dum facto luminoso em si mesmo, podem decorrer utilizações inconsequentes. A descoberta pode, como dizíamos, contribuir para um alongamento anormal do tempo interno de negação da morte, quer esse tempo interno seja vertido ou não em termos dos ponteiros do relógio. Tomar consciência de si será um facto positivo, negar a outra face da lua será facto negativo, decorrente por vezes do primeiro. Irresistivelmente o associamos à manutenção de resquícios da omnipotência infantil, por todos vivida, que teremos dificuldade em abandonar. A fantasia da imortalidade que a negação da morte supõe, acaba por ter o fascínio que atrás referimos, ocasionalmente numa utilização prática absurda por exagero. Poderá ter uma utilização prática ainda mais absurda do que o absurdo que procura resolver.

Se a morte em si mesma, como fenómeno inigualável, é um digno absurdo psicológico, este outro não será tão respeitável assim. O atractivo certo que a superação do primeiro absurdo contém: nunca houve ideia com mais sucesso ou mais facilmente vendável na da história da humanidade do que acenar aos outros ou a si mesmo com a imortalidade ou a ressureição, seja a que título for, quaisquer que sejam os meios para lá chegar... o segundo terá notórias dificuldades em auto-contemplar-se. Mas será necessário fazê-lo. Mesmo reconhecendo a sua importância e a necessidade íntima dessa negação. Ela sempre floresceu, em toda a parte: concepções filosóficas, religiosas, notoriedades públicas, poderes assinalados, armas e brasões, obras para a posteridade, imagens e criações de si, artes, letras, ciências, etc.... tudo são "êxitos" assegurados porque correspondem a esse íntimo desejo. Correspondem ao desejo profundo de dar o salto para o outro lado, permanecendo neste. O segundo absurdo relaciona-se com o primeiro sendo dele um aspecto particular. O primeiro talvez não faça mal a ninguém, mas o segundo pode acentuadamente fazê-lo.

Haverá portanto uma negação pessoal e uma negação social, ou melhor, uma tentativa de negação pessoal e uma tentativa de negação social. A social é uma consequência da pessoal e não será apenas a soma das partes, porque assume características dinâmicas específicas, embora concretamente só possa existir porque existe a anterior.

Haverá também para nós, que, além de pessoas e elementos sociais, somos também profissionais de um determinado ramo, uma outra tentativa de negação, uma negação profissional?

O médico terá de se pensar, nesse exercício. Num primeiro facto reparamos desde logo, facto que nos encaminha para uma resposta afirmativa: eufemisticamente, em medicina a morte muda de nome, passa a chamar-se estado terminal. Daqui se podem retirar desde já algumas leituras.

AGONIA PSICOSSOMÁTICA

Múltiplos estudos se têm realizado nos últimos decénios (uma resposta possível ao ... porquê agora? ... está contida nas entrelinhas do capítulo anterior), quanto aos aspectos psicológicos e quanto aos movimentos emocionais que a ideia da morte próxima transporta. Seja no agonizante, seja nos que afectivamente a ele estão ligados e sofrerão inevitavelmente com a sua perda.

Quanto ao agonizante, estes estudos revelam importância prática acentuada, porque nos podem servir de indicador pessoal e profissional. Iniciaram-se nos E.U., na década de sessenta. E. Kubler-Ross constitui ainda hoje a sua referência inequívoca.

Quanto à perda sentida por quem cá fica, há estudos muito anteriores, analisando o luto interno de quem perde. Iniciaram-se em Freud, no início do século XX, sendo largamente desenvolvidos e aprofundados pelos psicanalistas mais contemporâneos.

*
* *

Começando com estes últimos, diremos muito brevemente que a perda afectiva proporciona o designado "luto" psicológico, reacção onde, em grande medida, a culpabilidade entra no processo dinâmico intrapsíquico. O luto traduz-se sempre por um sentimento mais ou menos intenso de não ter feito tudo para evitar a morte, ou de ter feito algo errado por omissão, pensamento ou acção. A culpabilidade, facto normal e comum a todos os homens com organização psíquica correcta, hipertrofia-se nestas situações a partir do diagnóstico irrecorrível ou após a morte acontecida. Tem por vezes oscilações, com exacerbação periódicas. Pode assumir ainda aspectos excessivos, patológicos, designados habitualmente por luto patológico. A pessoa nessa condição não consegue suportar a perda do outro a quem estava afectivamente ligado, e, como solução para a angústia intolerável, identifica o seu Ego ao objecto perdido. Identifica-se ao morto e assim continua a ele ligado, como se o tivesse vivo e presente dentro de si. Não se separa, não abandona, não é abandonado. Ao mesmo tempo, outra instância do seu aparelho psíquico, o Superego, recrimina violentamente o Ego pelo mal supostamente feito ao morto, que a culpabilidade sinaliza. O indivíduo move-se em círculo fechado, à volta do sucedido, muito dificilmente dele sairá.

Em circunstâncias favoráveis, essa situação intrapsíquica vai-se dinamicamente resolvendo pouco a pouco, através de um trabalho interior, em grande parte inconsciente, que designamos por "trabalho de luto". O Ego liberta-se paulatinamente da identificação que tinha feito ao objecto perdido, liberta-se da identificação que lhe faz, liberta-se do morto. Prosaicamente poderá dizer-se que o trabalho de luto consiste em matar o morto: o que se fará utilizando, relativamente a ele, a agressividade natural. O luto termina, a dor real acaba, quando o morto pode ser encarado tal como era, com as suas virtudes e defeitos, abandonando-se a forma idealizada que a culpabilidade fazia supor. Quando isto se não realiza, o processo fica estagnado, podendo acontecer o referido luto patológico, quadro grave, interminável. Nesse caso, a separação do morto nunca foi conseguida, havendo muitas vezes riscos sérios de suicídio que, para o interessado, representam o reencontro para além da morte com o objecto perdido.

*
* *

No lado de quem vai morrer, descrevem-se cinco estádios, de tempo e intensidade variáveis. Estes mesmos cinco estádios acontecem em quem vai sofrer a perda, embora o seu terminar seja naturalmente diferente. O que para um termina na morte, para o outro termina no luto.

Resumidamente, esses estádios são, pela ordem:

1. **Negação da morte** – Pode ser ou não verbalizada e acontecer, ao mesmo tempo ou logo a seguir, ao choque da notícia ou ao sentimento de já não haver retrocesso. Expressa-se geralmente na fórmula: "...isto não me podia acontecer a mim..." e acompanha-se de protestos, muitas vezes de queixas somáticas ou de comportamentos estranhos, irrealistas, que podem resultar das características da personalidade e das suas eventuais patologias.

2. **Revolta** – Acompanha-se de verbalização passiva ou agressiva, de atitudes hostis para tudo e todos, com desenvolvimentos emocionais por vezes intensos. São medos, ansiedades, raivas, comportamentos, de formas várias, a condizer.

3. **Contrato mágico** – É uma tentativa de solução de compromisso, de conciliação, entre o próprio e as forças poderosas que povoam o seu imaginário, procurando um "negócio" com as divindades capazes de interromper o processo mortal. Fazem-se promessas, pagamentos futuros, procura-se uma armação mágica que ilusoriamente resolva as angústias internas e a situação. Contrato feito a todo custo, vital, como tentativa de arranjo de ocasião, quando tudo está perdido.

4. **Depressão** – Acompanha a verificação da realidade inevitável, quando as defesas anteriores se tornaram ineficazes. É usualmente manifesta por sentimentos de abandono, apatia, desinteresse, às vezes sem queixas e sem palavras, com choro, incapacidade de concentração noutro assunto que não seja a morte. Nesta fase podem acontecer suicídios. É uma altura em que as pessoas significativas são escolhidas para partilhar ainda desejos e sentimentos. Será a depressão transitória do condenado.

5. **Aceitação** – É a fase em que um sentimento de paz se estabelece. As tentativas anteriores de revolta e contrato mágico nada resolveram, a depressão e os conflitos foram ultrapassados.

Tudo está pronto psicologicamente. O processo orgânico pode prosseguir, sem resistências, sem penas, sem lutas, sem retorno. Não se trata já duma resignação à superfície mas duma aceitação sem reservas. Traduz um conhecimento íntimo, real, da situação clínica que irremediavelmente evoluiu e um ajustamento consciente e inconsciente, o mais adequado possível, à situação.

A luta contra a doença está perdida, não há mais luta, o estado psicológico estabilizou-se. Quem "morre bem" enfrenta já nesta fase o facto com serenidade. Terá uma viagem adequadamente preparada, sem "imprevistos"; com um timing correcto à partida. A presença tranquila dos outros será o elemento exterior mais desejado, mas ao mesmo tempo o mais difícil. Todos sabemos disso, embora haja situações em que o moribundo prefere estar só. Prefere mergulhar pouco a pouco num estado de inconsciência, do qual desperta apenas se solicitado. Sabe-se que percebem até bastante tarde o que lhes vai sendo dito, a audição é o último dos sentidos a perder-se.

*
* *

Mas nem todas as mortes são iguais. Vão desde a repentina ao alongamento artificial na doença crónica irremediável, com estados psicológicos variáveis. Esta fase de aceitação não pode ser plenamente alcançada, em muitas situações. A dor e o sofrimento angustiantes permanecem, porque a natureza da doença o proporciona ou porque os circunstantes, na melhor das intenções, o impedem. A atitude interna de revolta ou o medo não superado geram por vezes atitudes contra-fóbicas por parte de quem pretende ajudar, que nada contribuem. Acontece quando os circunstantes, sem darem por isso, em vez de também aceitarem, desencadeiam sofrimentos e impedimentos à serenidade e aceitação já conseguidas pelo moribundo.

Nestas circunstâncias de processo adulterado, muitas vezes surgem perturbações psiquiátricas, dependentes da personalidade, das circunstâncias, dos circundantes, do pouco tempo de preparação, da falta daquela ajuda que sempre se pode proporcionar.

Alguns estados psiquiátricos são reacções de desajustamento, com características sintomáticas de tipo ansioso, depressivo ou confusional, raramente de tipo histérico ou paranóide. Exigem tratamento que não tem regras específicas, mas impõem sobretudo uma atitude psicoterapêutica, com disponibilidade de escuta e compreensão, nem sempre fáceis de conseguir.

Uma certa dose de depressão e ansiedade será sempre inevitável, no trajecto de quem se aproxima da morte. Se uma ou outra permanecerem, agudas ou crónicas, é provável que exista uma causa susceptível de actuação psicoterapêutica. Procurar estabelecer uma comunicação, que pode ser de grande valor para alívio do sofrimento e da dor, com a verdade e autenticidade implícita neste tipo de intervenção, terá então de se considerar.

O terapeuta disponível procurará ajudar o paciente a obter as respostas às suas interrogações, interpretará as defesas eventualmente presentes nos seus sintomas, de modo a que viva o melhor possível o que lhe resta. De modo a que possa morrer bem, quando o momento chegar. Tentando-se eliminar, ao mesmo tempo, o sentimento de abandono que está sempre próximo de acontecer. Além de se procurar remediar a tradicional conduta técnica de evitamento ou fuga, de que as racionalizações, as intelectualizações ou as ausências de autenticidade, são claros sintomas. Numa palavra, o terapeuta procurará não se mover debaixo do mecanismo de negação da morte, desta vez no exercício profissional, quer a situação clínica seja de tipo psiquiátrico ou não.

NO HOSPITAL A MORTE MUDA DE NOME

A agonia e a morte são "factos psicossomáticos" por excelência, como vimos dizendo. Com ela tudo acaba, no cadáver nada resta. A questão estará na forma de lá chegar, na dignidade colocada durante o percurso, sobretudo no seu radicalismo final.

Mas em Medicina a morte muda de nome e passa a chamar-se estado terminal ... dizíamos atrás. É muito mais difícil falar de morte do que de estado terminal, como sabemos, o que pode traduzir-se em desculpa e risco.

Quer a morte quer o estado terminal não têm cura por definição, mas podem decorrer nas condições de ajuda necessárias para que a dignidade comum a toda a gente subsista na sua integridade psicossomática. Para que o alívio do sofrimento, completo ou incompleto, considere o desejo do paciente e seja cumprido de forma a tornar a morte tão tranquila e respeitosa quanto possível. Nunca será demais realçar o valor terapêutico da palavra, do silêncio comunicante, da presença ... por parte dos técnicos, dos circunstantes, das pessoas.

Queremos com isto realçar a importância da atitude. Realçar a importância da relação, mesmo nessa zona final da existência. A importância de saber sentar-se e escutar, mesmo que isso não constitua o objectivo e a actividade terapêutica do Hospital, ou institucionalmente até seja impopular. Na certeza de que os técnicos envolvidos nesta prática: médicos, psicólogos, enfermeiros, padres, etc., estarão nesta situação mais conformes com aquilo que são do que aquilo que leram, mais conformes com a reflexão que fizeram analisando de olhos abertos o seu dia a dia e o dos outros, do que na intelectualização assepticamente aprendida nos livros. Será o afecto quem trabalha.

Para isso, para estar mais correctamente nesta medicina de acompanhamento, o técnico, uma vez por outra, terá de parar para pensar. Terá de dar o primeiro passo, terá de reflectir. Terá de não cair na tentação de negar a morte, de negar de forma consciente ou inconsciente aquilo que a vida tem de mais inegável. E será absolutamente indesculpável defender-se dizendo que não tem vocação para isso. A lucidez manda situar o profissional nesta condição, seja qual for o seu tipo de escolha.

BIBLIOGRAFIA

FREUD, SIGMUND (1917) – *Luto e Melancolia,* in Obras Completas

KASTEMBAUM, ROBERT (2000) – *The Psychology of Death*, Free Association Books.

KUBLER-ROSS, E. (1997) – *Death: The Final Stage of Growth*, Simon and Schuster.

KUBLER-ROSS, E. (1997) – *On Death and Dying*, Collier Books.

RESUMO

Desenvolve-se o conceito de que a morte é um absurdo psicológico, sendo por isso completamente impossível de pensar como objecto de reflexão. Essa condição promove-lhe um estranho fascínio ou, mais correntemente, envolve-a num medo complexo, estrutural no ser humano, organizado em múltiplas racionalizações e negações: pessoais, sociais, profissionais.

Desenvolve depois o conceito de "agonia psicossomática", referindo as suas diversas fases: em que morre e em quem "morre" também com a perda do outro. E acentua a necessária dignidade do acto de morrer, nos próprios e nos profissionais de Saúde, lembrando que nas instituições a "morte" muda de nome e passa a chamar-se "estado terminal".

SUMMARY

The concept of death as a psychological non-sense is developed, rending it, therefore, impossible to be taken as an object of reflection. This condition, promotes death's strange fascination or, more usually, incarcerates it in a complex fear. This fear of death is structural in human beings and is organised in multiple rationalisations and denials: personal, social, professional and so on.

The concept of "Psychosomatic Agony" is developed, with reference to its different phases: in those who die and in those who also "die" with the loss of the beloved ones. The need for dignity in the process of dying is underlined and the fact that in health institutions "death" has its name changed to "terminal state" is remembered.